KB185686

왜 그들만 부자가 되는가

부의 격차를 좁히는 진짜 돈의 모습

왜 그들만 부자가 되는가

필립 바구스·안드레아스 마르크바르트 지음 | 배진아 옮김

북모먼트

두 저자는 매우 도발적이고 의미심장한 작품 한 권을 출간했다. 그들은 각국 정부가 특유의 금융 정책과 화폐 정책을 이용해 다수의 이해관계를 대변하는 것이 아니라, 오직 그들 자신의 이해관계와 부자 계층의 이해관계를 대변한다는 사실을 명확하게 설명한다. 절대적으로 읽을 만한 가치가 있는 책이다.

—마크 파버Marc Faber, 스위스 경제학 박사 · 마크 파버 리미티드 회장

국가의 화폐 독점권은 국민에 대한 거대한 사기극이라고? 복지국가는 선동용 프로젝트라고? 도발적이면서 흥미진진한 책을 집필한 저자들은 현시대에 정치, 경제적으로 자명한 것으로 받아들여지는 것들에 맞서 도전장을 내밀며 우리에게 입장 표명을 촉구한다.

—다니엘 엑케르트Daniel Eckert, 《화폐 트라우마》 저자

점점 늘어나는 경제적 불평등과 금융위기는 정말 은행가들에게 책임이 있는 것일까? 아니다. 그들에게는 그럴 만한 힘이 없다. 저자들은 국가가 독점하는 화폐 시스템이 바로 경제적 위기와 불평등을 일으킨 장본인이라는 사실을 보여 준다. 우리를 둘러싼 화폐와 금융 시스템을 제대로 이해하려는 사람이라면 반드시 이 책을 읽어야 한다.

—토마스 마이어 박사Dr. Thomas Meyer, 프랑크푸르트 괴테대학 경제 연구소

부의 분배가 사회정치적 최대의 관심사로 자리 잡은 시대에 두 저자는 모든 의문 중에서도 가장 핵심적인 화폐 시스템, 즉 돈에 대한 의문에 주목한다. 이 책은 현행 화폐 시스템에 우리가 종속되어 있는 한 계속해서 발생할 경제적, 사회적 현상들의 진짜 원인을 독자들에게 설명해 준다.

—로날트 슈퇴페를레Ronald Stöferle, 《In Gold We Trust》 저자

다른 사람들이 당신을 이용해 점점 더 부자가 되는 이유에 대해 이해하기 쉽게 설명된 책. 결코 그렇고 그런 상투적인 책이 아니다. 돈에 대한 깊은 숙고와 의심뿐만 아니라 독서를 자극하고 활성화하는 책이다.

—롤란트 티키Roland Tichy, 경제학자 ·
독일 경제지 〈비르트샤프츠보헤WirtschaftsWoche〉 전 편집장

독자들의 찬사

여태까지 읽은 경제학 및 통화 정책에 관한 글 중 단연코 가장 유익한 책. 아이비리그 대학에서 3년 동안 경제 수업을 들은 것보다 이 책에서 배운 내용들이 더 큰 수확이었다.

—아마존 독자

우리 생활에서 가장 쉽게 접하는 것이 '돈'이다. 하지만 우리는 돈의 기원이 어떠하며, 어떠한 과정을 통해 만들어지는지는 관심이 없다. 이 책은 화폐 시스템을 비롯해 빈부격차, 인플레이션, 국가 부채 등 한국 경제의 난제들에 대한 근본적 해답을 내놓고 있다.

—ek***

이 책이 출간된 지 불과 몇 주 만에 광범위하게 입소문이 난 이유가 있다. 내가 쓰는 돈의 원천이 무엇인지, 근시안적인 소비 심리가 인생에 어떤 영향을 끼치는지 이제야 깨달았다.

—Di***

다 읽고 충격받았다. 모든 페이지가 읽을 만한 가치가 있다. 여러 번 읽을 수밖에 없다. 이 책을 통해 더 이상 바보 취급을 당하지 않았으면 좋겠다.

—Ra***

복잡한 주제를 이해하기 쉽게 설명한다. 우리가 왜 그동안 은행과 정치인들에게 분노했는지 그 이유를 알 수 있었다.

—Dr***

주변에 추천하고 싶은 도서를 단 한 권 고르라면 이 책을 꼽겠다.

—Lu***

더 이상 돈에 이용당하지 말라

경제학자 롤란트 바더Roland Baader, 1940~2012는 국가의 화폐
공급 독점권을 가리켜 "인류 역사상 가장 큰 불행"이라고
말한 적이 있다. 이는 매우 대담한 발언이었다. 누구도 국가
의 화폐 독점권을 문제시하지 않기 때문이다.

　당신은 혹시 한 번이라도 우리 사회의 화폐 시스템에 관
해 의문을 가진 적이 있는가? 그런 적이 없다면 독과점의
폐해에 대해서는 생각해 본 적이 있는가? 독과점은 낭비,
비효율성, 지속적인 가격 상승을 초래한다. 화폐라고 해서
그 폐해가 다르지 않다. 게다가 안정적인 가치를 가진 화폐
는 우리의 인생에서 매우 중요한 의미를 지니고 있다. 예를
들어 당신은 하루의 영양 섭취를 위해 매일 무엇을 얼마큼

먹을 것인지에 대한 책임을 국가에 맡기지 않는다. 그러나 화폐에 관한 한 당신은 지금 그렇게 하고 있다.

우리가 쓰는 화폐가 국가의 비호 아래 훌륭하게 보존되고 있다면 왜 화폐 구매력은 점점 더 떨어지는 것일까? 이렇게 물으면 당신은 그래도 국가에서 화폐를 통제하는 것이 자유시장에 화폐를 맡기는 것보다 낫다고 항변할지도 모른다.

하지만 정말 그럴까? 유럽중앙은행European Central Bank, ECB은 왜 우리의 교환 수단인 화폐를 계속 새롭게 찍어 낼까? 은행이(우리가 이용하곤 하는 거리의 저축은행도 마찬가지다) 대출의 형태로 무無의 상태에서 돈을 만들어 내는 행위를 국가가 허용하는 이유는 무엇일까? 당신이 계좌에 넣어둔 돈을 은행이 타인에게 빌려줘도 되는 이유는 무엇일까? 당신이 그 돈을 금방 다시 필요로 할지도 모르는데 말이다. 그리고 은행이 당신의 돈을 누군가에게 빌려줬는데도(실제로 대부분의 경우 당신의 돈은 타인에게 대여 중이다) 당신의 계좌에 변함없이 돈이 남아 있는 이유는 무엇일까?

만약 당신이 돈을 찍을 수 있다면 당신에게는 어떤 일이 일어날까? 한 가지만큼은 확실하다. 도망갈 엄두도 내지 못한 채 곧장 감옥으로 직행할 것이다. 화폐를 다루는 이들은 결코 당신과의 경쟁을 허용하지 않기 때문이다. 그리고 이런 독과점 체제는 철통같이 보호될 것이다.

유럽중앙은행에 따르면 유로화가 도입된 이후, 현금과 최대 2년 기한의 저축성 예금을 포함한 M2 통화량이 두 배 정도 늘어났다고 한다. 혹시 이 시기에 당신의 통장 잔고도 두 배로 늘어났는가? 그렇지 않다면 최소한 임금만큼은 두 배로 늘어났는가? 이 또한 해당되지 않는다면 의심해 보길 바란다. '유로 권역에서 사용되는 통화량이 두 배로 늘어났지만 내 통장 잔고는 그대로라면, 틀림없이 다른 누군가의 통장 잔고가 그만큼 늘어났을 것이다. 그 사람이 과거에도 나보다 돈이 더 많았다면 지금은 나보다 훨씬 더 많은 돈을 가지고 있을 것이다. 원래 나보다 부유했던 그가 지금은 더 큰 부자가 되었을 것이고, 나는 그에 비해서 상대적으로 더 가난해졌을 것이다'라고.

이 책이 가난한 노동자들을 착취하고 법적 문제 때문에 마지못해 임금을 올려주거나 최저임금을 지급하는 부자들과 기업들을 비판하는 선동용 책일 것으로 생각한다면 오산이다. 인간은 누구나 특정한 동기에 의해 행동한다. 인간의 모든 행동을 유발하는 요인은 자신의 안녕을 위하거나 자신이 처한 상황을 개선하려는 노력이다. 인간의 행위 이론에 관해서는 경제학자 루트비히 폰 미제스Ludwig von Mises, 1881~1973가 저서 《국민경제: 인간의 행동 및 경제활동 이론National Ökonomie: Theorie des menschlichen Handelns und Wirtschaftens》 에서 철저한 연구를 바탕으로 설명한 바 있다. 루트비히 폰 미제스는 20세기 경제학자 중에 가장 중요한 인물이라고 해도 과언이 아니며 지금까지 누구도 그의 연구를 뛰어넘지는 못했다. 루트비히와 그가 수장으로 있었던 오스트리아 국민경제학파에 대해선 이 책에서 앞으로 더욱 자세히 다룰 것이다.

누구도 더 많은 돈, 정확히 말하면 더 높은 복지를 향한 인간의 노력을 비난할 수 없다. 그것은 지극히 인간적인 행동이기 때문이다. 만약 인간에게 이런 태도가 천성적으로 있지 않았더라면 우린 지금도 여전히 동굴에서 생활했을지도 모른다. 물론 인정사정없이 행동하는 사람들도 있지만 그런 사람들은 언제나 있었고 앞으로도 계속 존재할 것이다. 특히 일반인들의 희생을 대가로 화폐 독과점 체제를 남용해 부를 축적하는 행위는 무자비하고 교활하다. 이와 관련된 내용 역시 앞으로 다룰 것이다.

당신은 사람들이 점점 더 이기적으로 변하고 있다고 생각하는가? 추측하건대 이런 문제에 대한 진짜 원인 또한 화폐 시스템에서 찾을 수 있을 듯싶다. 다시 말해 빚을 내서 필요한 자금을 조달하는 거대한 복지국가의 탄생을 가능하게 한 제도인 현행 화폐 시스템에서 원인을 찾을 수 있을 것이라는 뜻이다. 이 시대를 살아가는 현대인은 "어쨌거나 난 세금을 충분히 냈어"라고 말하면서 타인을 돕는 이타심에 관한 모든 책임을 복지국가에 떠넘긴다.

당신은 우리 사회가 소원해지고 있다고 느끼는가? 다수를 압박해 소수가 이익을 얻는 이유는 무엇인가? 전통적으로 이어지던 사회적 결속의 끈이 마모되어 가는 이유는 무엇이며, 사람들이 물질주의에 집착하고 냉혹하게 변해가는 이유는 무엇인가? 부자들은 점점 더 부유해지고 가난한 사람들은 점점 더 가난해지는 이유는 무엇인가?

이 모든 문제에 대한 진짜 원인은 화폐 시스템에 있다. 이 책을 읽으면서 왜 그런 것인지 이해하게 될 것이다. 겁먹을 필요 없다. 전문가나 경제학자가 아니어도 이 책을 이해하기에 전혀 문제가 없다. 선입견 없는 시선으로 볼 수 있을 테니 경제를 전공하지 않은 게 오히려 장점으로 작용할 수도 있다.

이 책을 끝까지 읽고 나면 당신 앞에 펼쳐질 세상이 더 이상 과거와 똑같은 모습으로 보이지 않을 것이다. 때로는 아무것도 모르는 채 살아가는 것이 더 나을 때도 있다. 최악의 경우 고통스러운 진실을 마주하며 구역질이 날 수도 있다. 그동안 자신이 기만당하고 있었다는 사실을, 타인의 속임수에 넘어가고 있었다는 사실을 알게 되면서 기분이 엉망이 될 수도 있다. 만약 당신의 배우자가 밤늦게 낯선 향수냄새를 풍기며 집으로 돌아온다면 어떤 생각이 들까? 대놓고 어디에 갔는지 물어보기가 두려울지도 모른다. 차라리 어디에 갔는지 몰랐으면 하는 마음이 들거나 "차라리 내 눈에 띄지 말지"라고 혼잣말을 할 수도 있다.

의심할 여지 없이 당신은 이 책을 읽으며 우리 사회에서 일어나는 잘못된 사실들을 깨닫게 될 것이다. 물론 진실을 회피하고자 책을 덮어버릴 수도 있다. 당신이 이 책을 계속 읽을 의지가 있는지 잠시 조용히 생각해 보자. 당신이 지금 이 문장을 읽고 있다면 당신은 세상을 마주할 용기 있는 사람 중 한 명이다. 축하한다. 당신은 옳은 결정을 내렸다. 화폐 시스템이 가진 부당함과 왜곡된 현상을 많은 사람이 인식할 때에 비로소 개선할 희망이 생긴다. 당신은 우리 모두의 희망이다.

이 책을 읽고 나면 이제 많은 것을 다른 눈으로 바라보게 될 것이다. 양화라고 칭하는 좋은 화폐good money의 의미와, 현재 우리가 쓰는 화폐가 악화, 즉 나쁜 화폐bad money라는 사실을 깨달을 것이기 때문이다. 당신은 좋은 화폐가 국민경제에 얼마나 중요한 역할을 하는지, 나쁜 화폐가 한 사회에서 이루어지는 수입 분배와 부의 분배에 어떤 영향을 미치는지 파악하게 될 것이다. 그리고 국가가 화폐에 대한 통제권을 창출하는 이유와 그것을 유지하려는 이유를 알게 될 것이다. 또한, 나쁜 화폐를 사용할 때 계속 경제 파탄이 일어나는 이유와 은행들이 곤경에 빠지는 이유, 상품의 가격과 서비스 요금이 계속 상승하는 이유에 대해 깨닫게 될 것이다.

무엇보다 이 책은 좋은 국민경제이론 및 학설과 나쁜 국민경제이론 및 학설을 구분할 수 있게 도울 것이다. 따라서 우리는 이 책에서 제시하는 설명을 프랑스 경제학자 토마 피케티Thomas Piketty가 집필한《21세기 자본》에 대한 답변으로 간주하고자 한다. 피케티의 이론에 따르면 수입과 자산의 불평등이 점점 커지는 것에 대한 책임이 자본주의에 있다고 한다. 말도 안 되는 소리라고 생각한다. 그러나 전 미국 대통령 버락 오바마Barack Obama, 국제통화기금 총재였던 크리스틴 라가르드Christine Lagarde, 심지어 교황까지도 그의 책을 읽었다고 한다. 그래서 우리는 더 많은 세금과 조세의 부담을 지게 되었을지도 모른다. 피케티가 제안하는 것이 바로 그것이니까 말이다.

문제의 핵심인 국가, 정부 그리고 정치와 관련해서도 몇 가지 사실을 알게 될 것이다. 만약 당신이 아직도 국가를 신봉하는 사람들에 속한다면 믿음을 버리게 될 가능성이 높다. 그리고 당신이 지금까지 단 한 번도 정치인들을 믿어본 적이 없다면, 지금까지 막연한 느낌에 불과했던 당신의 짐작이 옳다는 증거를 얻을 것이다. 또한 나쁜 화폐가 가장 핵심적인 사회 구성단위인 가정에 이르기까지 우리 사회 내부에 존재하는 대부분의 폐해에도 책임이 있다는 사실과 그 이유에 대해 공감하게 될 것이다. 우리는 그런 사실을 수많은 국가들의 개입 때문에 알아차리지 못하고 있을 따름이다.

국가의 개입은 빽빽하게 우거진 덤불처럼 경제와 사회 내부에서 일어나는 바람직하지 않은 발전의 진짜 원인을 뒤덮고 은폐한다. 이 책을 읽으면 당신 앞에 펼쳐진 거대한 덤불이 조금씩 해체될 것이며 마침내 모든 인과관계를 분명하게 인식하고, 보고, 이해하게 될 것이다. 부디 흥미진진하고 배울 거리가 많은 즐거운 독서가 되기를 바란다.

필립 바구스,
안드레아스 마르크바르트

차례

9장 ◆ 누구도 말하지 못한 부의 격차

1장

좋은 돈은
무엇인가

지난 수십 년간 국민들은 미래에 먹을 것까지 미리 먹어 치워버렸다.

이제 그들은 앞으로 수십 년간 먹을 것이 없어 굶주려야 할 것이다.

— 롤란트 바더

돈은 어떻게 시작되었을까

먼저 우리는 널리 알려진 한 가지 오해를 바로잡고자 한다. 화폐는 누군가가 고안한 것이 아니며 국가의 창조적인 행위를 통해 탄생한 것은 더더욱 아니라는 점이다. 대부분의 사람은 무의식적으로 화폐가 매우 중요한 것이라는 사실을 분명하게 인지하고 있고, 그렇기 때문에 정부가 화폐 시스템을 통제하는 것이 정당하고 적합하다고 믿는다. 이는 말도 안 되는 이야기다.

　잠시 현행 화폐 시스템을 잊어보자. 서문에서 우리는 현재 우리가 사용하는 화폐를 나쁜 화폐라고 명명했다. 이제 아무것도 없는 제로 상태에서 시작해 보자. 가장 먼저 우리는 화폐가 처음에 어떻게 만들어졌는지 알려주는 짤막한 이야기를 들려주려고 한다. 화폐의 기원은 화폐의 본성과 더불어 좋은 화폐가 어떤 것인지 명료하게 설명해 주기 때문에, 이 이야기를 통해 화폐의 본질을 이해하고 나면 대부분의 경제학자나 정치인들보다 우위에 설 수 있다.

화폐가 없는 사회를 상상해 보자. 그럼 사람들 사이에서 물건을 살 때나 교환하려 할 때 어떤 식으로 진행될까? 시간을 과거로 돌려 당신이 어느 작은 도시에 살고 있다고 가정해 보자. 어느 시대에 있는지는 각자의 상상에 맡긴다.

작은 도시에서 당신의 직업은 제화공이다. 아름다운 신발들을 만들 수 있지만 안타깝게도 다른 재주는 없다. 당신의 부인 또한 특별한 재능을 갖추지 못했다. 빵을 구울 수는 있지만 솜씨가 특별히 뛰어나지는 않다. 또 당신에게는 가축을 둘 마구간도 없다. 당신의 아이들, 무엇보다 부인이 신은 신발은 사람들 사이에서 부러움의 대상이다. 하지만 신발을 먹을 수는 없는 노릇이라 당신의 부인은 종종 식료품을 조달해야 한다. 집에 돈은 한 푼도 없고 당신이 제공할 수 있는 교환 수단은 신발밖에 없기 때문에 당신의 부인은 신발이 필요한 농부, 그것도 신발을 받은 대가로 감자 한 자루나 햄 한 덩어리를 줄 수 있는 농부를 찾아야 한다. 한두 번은 이런 방식이 통하겠지만 지속적인 거래는 힘들다. 계속하다간 농부의 신발장은 금세 신발들로 채워질 것이고, 당신의 부인이 신발 한 켤레와 햄을 교환하려고 다시 농부를 찾아갔을 때 교환을 거부하고 문을 닫아버릴 것이다.

혹시 눈치챘는가? 우리는 방금 **'교환 수단'**이라는 단어를 사용했다. 이 이야기에 등장하는 사람들에게는 일종의 '교환 수단'이 결여되어 있다. 그리고 이 이야기가 더 복잡해지면 우리는 도축업자, 대장장이, 미장이 등 다른 직업을 계속 생각해야 할 것이다. 진지하게 생각해 보자. 이 사람들이 공통된 교환 수단을 사용하게 된다면, 그래서 신발 한 켤레가 필요하거나 말발굽에 새로 편자를 박아야 하는 사람들을 찾아 헤매지 않아도 된다면 모든 사회 구성원이(우리는 이들을 시장 참여자로 명명한다) 얼마나 더 큰 이익을 볼 수 있을까? 혹시 지금 당신은 이런 문제를 겪지 않아도 된다는 사실에, 사람들에게 화폐를 공급하는 국가가 있다는 사실에 안도했는가? 그렇다면 우리는 상상 놀이를 계속하면서 당신의 잘못된 생각을 바로잡아줄 것이다.

작은 도시의 여인들은 장신구 착용을 즐기는데 그중에서도 특히 금과 은으로 된 장신구를 좋아한다. 아이를 낳거나 생일, 결혼기념일 같은 기회가 있을 때 남편이 부인에게 금으로 만든 무언가를 선물하는 것이 도시의 오랜 전통이다. 여인들은 이런 선물을 소중히 여긴다. 반지와 귀걸이 혹은 목걸이를 손에 넣기 위해 남편이 얼마나 오랫동안 일해야 하며, 얼마나 많은 물건을 금 세공사와 교환해야 하는지 잘 알고 있다. 금은 단지 지위의 상징에만 그치지 않는다. 아름답게 반짝이며 빛을 발하는 금의 아름다움 또한 이견의 여지가 없다. 그래서 우리의 이야기 속에서도 모든 금 장신구는 귀중한 것으로 간주되고 가치를 높이 평가받는다.

어느 날, 여전히 신발과 감자를 맞바꿀 누군가를 찾아 헤매던 당신의 부인에게 획기적인 아이디어가 떠오른다. 그녀는 사람들이 금으로 만들어진 조그마한 판을 유독 찾는 모습을 보게 된다. 자그마한 판은 거래가 자주 이루어졌고 사람들은 온갖 물건들과 그것을 맞바꾸었다. 달리 말하자면 금은 언제든 좋은 가격에 잘 팔리는 재화였다. 그렇다면 금으로 된 자그마한 판과 신발을 맞바꾸지 않을 이유가 없다. 그녀는 신발과 감자를 직접 교환하는 대신 간접적인 방식을 이용해 먼저 신발을 금과 교환한 다음, 그 금을 가지고 감자를 파는 사람에게 찾아갈 수도 있다. 이 경우 교환하는 과정이 한 번이 아니라(신발 대 감자) 두 번이지만(신발 대 금 대 감자), 그녀는 소중한 시간을 절약할 수 있을 뿐만 아니라 더 수월하게 감자에 접근할 수 있다. 당신의 부인은 모험을 감행한다. 어쩌면 이런 시도가 실패로 돌아갈 수도 있다. 좋은 조건에 금과 신발을 교환하지 못할 수도 있고 금과 감자를 교환할 사람을 찾지 못할 수도 있다.

그러나 부인의 시도가 성공했다고 가정해 보자. 그럼 그녀는 더 유리한 조건으로 더 빠르게 감자에 접근할 수 있게 된다. 금이라는 교환 수단을 이용한 간접적인 교환 방식을 통해서 말이다. 혁신은 매우 성공적이었다. 이제 당신의 부인은 물건을 교환할 때마다 교환 수단을 투입하는 전략을 취할 것이고, 교환 활동을 수행하기 위해 금으로 된 작은 판을 부지런히 찾게 될 것이다. 이런 추가적인 수요를 통해 금의 시장성은 한층 더 높아질 것이다. 다른 사람들도 성공적인 변화를 이루기 위해 그녀를 모방할 것이기 때문이다.

당신의 부인은 친구들과의 모임에서 금과 감자를 성공적으로 맞바꾼 이야기를 들려주었다. 공교롭게도 때마침 농부의 부인도 그 자리에 있었다. 그리고 농부의 부인 역시 흥미로운 이야기를 들려주었다. 농부가 서랍의 작은 보석함에 들었던 금과 감자를 교환하는 과정에서 당신의 부인에게 받은 금을 합친 다음, 대장장이를 찾아가 새로운 쟁기를 구입할 때 그 금을 냈다는 것이다. 농부의 부인에 따르면 거래가 예전보다 훨씬 간단하게 진행되었다고 했다. 그전까지만 해도 대장장이들의 음식물 저장고엔 농부들과의 교환 거래에서 생긴 감자와 햄이 다 먹지도 못할 만큼 쌓여 있었는데 이젠 그럴 필요가 없게 되었다.

작은 도시에서는 새로운 교환 방식이 빠른 속도로 퍼져 나가게 된다. 사람들은 점점 물건과 물건을 직접 교환하지 않는다. 대신 금을 교환 수단으로 삼는 경우가 빈번해지고 이를 통해 금의 시장성과 지급 능력이 향상되기 시작한다. 시간이 흐를수록 금을 찾고 사용하는 시장 참여자들의 숫자가 늘어나게 되며 금은 더욱더 효과적인 교환 수단으로 발돋움한다. 사람들은 그들 모두가 금을 이용한 교환 방식으로 이익을 얻고 있음을 느낀다.

이제 상호 간 협동 작업을 하기가 수월해지고 분업이 장려되며 모든 사람이 저마다 잘하는 일에 더욱 집중할 수 있게 된다. 예전에는 교환할 상대를 찾을 수 없어서 스스로 만들어야 했던 물건들을 더 이상 힘들게 직접 제작하지 않아도 될뿐더러, 모든 일을 스스로 처리하지 않아도 되기에 이르렀다. 이젠 모든 사람이 훨씬 더 쉽게 다른 사람들의 능력을 이용할 수 있게 되었다. 과거에는 당사자들 간에 필요한 물건이나 서비스를 바로 그 자리에서 제공해 줄 때나 가능하던 일이었다. 금이라는 교환 수단의 등장 이후 분업을 통해 모두의 행복과 이익이 크게 늘었다.

대체 불가가 된 돈의 필요성

화폐 시스템이 중요한 이유는 화폐 시스템을 만드는 것이 인간의 재산과 인생 계획을 드라마틱하게 뒤흔들어 놓기 때문만은 아니다. 예전의 독일 바이마르 공화국에서 벌어진 하이퍼인플레이션이 보여준 것처럼 화폐 시스템이 붕괴되면 사회가 전복될 수 있기 때문만도 아니다. 그렇다. 화폐가 없으면 다각도로 복잡한 사회의 분업 경제가 제대로 유지될 수 없다. 분업은 엄청난 생산성을 가져오며 그 생산성은 지구의 모든 인구를 먹여 살리게 한다. 그런데 화폐가 없다면 오늘날 우리 사회에서 일어나는 교환 활동의 대부분이 원활하게 진행될 수 없을 것이다. 이렇게 되면 분업 체계가 붕괴되어 불가피하게 자체 제작이 늘어날 수밖에 없다. 생산성 상실과 부의 상실은 상상조차 할 수 없는 일이다. 화폐가 없다면 아마 인류의 대부분이 죽음을 맞이하게 될지도 모른다. 보편적으로 받아들여지는 교환 수단인 화폐가 있어야 비로소 분업 사회와 복지 사회가 탄생할 수 있다. 달리 표현하자면 돈 없이는 문명도 존재할 수 없다.

그러니 우리는 화폐 시스템을 만드는 데 참여한 이들을 칭송해야 마땅하다. 당신의 부인은 영웅이다. 이제 우리는 한 목소리로 우리의 작은 도시에 막 화폐가 형성되었다고 말할 수 있다. 그런데 지금 혹시 국가가 여기에 관여하지 않았다는 사실, 그리고 정부가 금을 화폐로 만드는 법령을 공포하지 않았다는 사실을 눈치챘는가? 화폐가 생겨난 이유는 상호 간에 거래 활동을 이어 나가고자 했던 시장 참여자들이 화폐가 그들 스스로에게 얼마나 유용한지 알아차렸기 때문이다. 이때 그들은 의식적으로 화폐 생성에 참여한 것이 아니다. 그저 교환 수단인 금을 이용해 그들의 개인적인 목적을 예전보다 수월하게 달성했을 뿐이다. 그리고 모두가 동일한 교환 수단인 금을 이용했기 때문에 그것은 한층 더 유용성을 띠었다.

　따라서 화폐는 교환 수단이라는 중요한 기능을 가지고 있다. 또한, 가치 보존 수단의 기능과 계산 단위의 기능 역시 가지고 있다. 그러나 **화폐가 구매력을 유지하고 미래에도 지속적으로 전달하는 기능을 충족시키려면 반드시 화폐의 가치가 안정적이어야 한다.** 왜냐하면 당신의 부인이 금을 받고 신발을 판매한 시점과 그녀가 다른 물건을 구입하는 데 금을 사용하는 시점 사이에는 여러 날, 여러 주, 혹은 여러 달이 흘러갈 수 있기 때문이다. 당신의 부인이 금으로 된 작은 판을 받기로 결정한 이유는 문제가 되는 두 시점 사이에 작은 판의 가치가 안정적일 것이라고 생각해서였다. 어쨌든 시장성과 가치의 안정성은 함께 걸어가는 요소다. 사람들이 금을 빈번하게 거래한 이유는 금의 가치가 안정적이기 때문이었고, 빈번한 금의 거래는 금의 가치를 한층 더 안정성 있게 했다.

　이렇게 자연스러운 방식, **국가나 정부의 개입 없이 만들어진 화폐 질서를 '시장 경제 화폐 질서'라고 부른다.** 시장 경제 화폐 질서는 국가의 강요 없이 형성되며, 시장 참여자들이 자발적으로 특정한 화폐나 서로 병행해서 쓰는 다양한 화폐에 합의한다. 역사적으로 보면 대부분 금이나 은, 혹은 동이 화폐로 쓰였다. 흔히 박물관에서 오래된 동전을 본 적이 있을 것이다. 예수가 탄생하기 훨씬 이전에 만들어진 동전들 말이다. 만약 그 당시 사람들이 지폐를 사용했더라면 세월이 흘러 그중 어떤 것도 지금까지 남아 있지 않았을 것이다. 설령 남았다고 해도 역사적인 가치밖에 지니지 못했을 것이다. 무수한 화폐 개혁이 지폐가 가진 교환 수단으로서의 가치를 0으로 만들어 버렸을 것이기 때문이다.

그럼 인류가 거듭해서 귀금속을 화폐로 선택한 이유, 그것도 국가의 화폐를 사용하도록 강요받지 않는 한, 수천 년 넘게 그렇게 한 이유는 무엇일까? 시간을 거슬러 올라가 관찰하면 현물 화폐가 어느 때는 화폐가 아니라 그냥 상품이었다는 사실을 확인할 수 있다. 그런데 이 상품이 우리의 이야기에서처럼 빈번하게 거래되었기 때문에 어느 날 갑자기 국가 당국의 개입 없이 화폐 혹은 현물 화폐로 변모했다.

현물 화폐가(우리는 이 화폐를 좋은 화폐good money라고 부른다) 어떤 장점을 가졌길래 하필이면 금이나 은이 현물 화폐일까? 이유는 간단하다. 귀금속은 양이 많지 않고, 나눌 수

34

있고, 균질적이고, 저렴한 비용으로 운반과 보존이 가능하며, 순도를 식별하기가 비교적 쉽다. 금을 이로 씹어보는 영화의 유명한 장면들처럼 말이다. 또한 매우 견고하고 지속적인 동시에 집중적인 수요가 있으며 무엇보다도 임의로 양을 늘릴 수 없다.

좋은 화폐 vs 나쁜 화폐

좋은 화폐를(일단 금이라고 가정하겠다) 사용하는 국민경제에서는 새로운 금이 추가로 발견될 때만 통화량이 증가한다. 금을 채굴하려면 번거롭고 수고로운 절차를 거쳐야 하는데, 금의 가장 큰 장점이 바로 이것이다. 인류 역사상 채굴된 금의 양은 신규 생산량에 비해 어마어마하게 많다. 예를 들어 밀 같은 다른 상품들과 달리, 해마다 채굴되는 금은 소비되어 사라져 버리는 것이 아니라 지속적으로 축적된다. 지난 150년 동안 전 세계 금의 양은 해마다 약 2퍼센트 정도씩 증가했다. 이건 결코 많은 양이 아니다. 그뿐만 아니라 이런 증가율은 안정적이고 지속적으로 유지되어 왔다. 반면 현재 우리의 화폐 시스템에서 유통되는 통화량의 증가 비율은 안정적이지 않다. 유럽중앙은행이 제시한 자료에 따르면 유로화가 도입된 이후 M3 통화량이 자그마치 연간 12퍼센트나 늘어난 해도 여러 번 있었다. M3 통화량은 가장 광범위하게 파악된 통화량인데 현금과 은행 예금 외에도 은행 채권, 최대 2년 만기 무담보 약속 어음을 모두 포함한다. 이처럼 높은 통화량 증가율이 우리 화폐의 구매력, 즉 당신의 구매력에 유익하지 않다는 것은 충분히 짐작할 수 있을 것이다. 이에 대해서는 이후 자세히 설명하겠다.

이제 좋은 화폐가 어떤 것인지 명확해졌을 것이다. 짐작했겠지만 좋은 화폐가 있다면 나쁜 화폐도 존재한다. 먼저 화폐에 대해서 꿰뚫고 있다고 자부하는 전 독일연방은행 총재 옌스 바이트만 박사Jens Weidmann의 말에 주목해 보자. 2012년 9월, 그는 한 강연에서 이렇게 말했다.

현재 우리가 지폐와 동전 형태로 가지고 다니는 유로화는 더 이상 현물 화폐와 아무런 관계가 없다. 1971년 미국의 달러와 금의 결합 체제가 파기된 이후, 금 보유고에 대한 소급적인 종속성은 존재하지 않는다. 요약하자면 지금의 화폐는 더는 실물자산의 뒷받침을 받지 못한다. 지폐는 그저 인쇄된 종잇장에 불과하다. 여러분 중에 전문가들은 유로화가 사실상 면직에 지나지 않는다는 것을 잘 알고 있다.

그리고 동전은 주조된 금속이다. 지폐와 동전이 일상생활에서 지불수단으로 수용된다는 건 그것들이 유일한 법적 지불수단이라는 사실과 관계가 있다. 그렇긴 하지만 궁극적으로 지폐의 수용은 무엇보다 본인이 획득한 지폐를 이용해 다시 구매 활동을 영위할 수 있다고 믿는 국민의 신뢰에 기초한다.

그는 분명하고도 노골적으로 말했다. 현재의 지폐와 동전은 현물 화폐와 더 이상 아무런 관계가 없고, 더는 실물자산의 뒷받침을 받지 못하며, 그러나 국민들의 신뢰에 기초한다고 말이다. 이는 가히 주목할 만한 말이다. 독일연방은행 총재가 현재 화폐의 이면에 그 어떤 실물 가치도 존재하지 않는다는 사실과 그것의 가치가 신뢰에 기반하고 있을 뿐임을 공개적으로 인정했다.

글로벌 금융위기가 닥친 2008년 가을, Hypo Real Estate 은행이 파산 위협에 시달렸다. 당시 사람들은 화폐 시스템에 대한 신뢰를 서서히 잃어버리기 시작했다. 앙겔라 메르

켈Angela Merkel과 당시 경제 장관이었던 페어 슈타인브뤼크Peer Steinbrück는 독일 국민을 대상으로 예금 보장을 표명하는 것을 불가피한 일로 간주했다. 이미 일부 예금주들이 은행에서 돈을 인출하고 있었기 때문이다. 당시 수상은 "우리는 남녀 예금주 여러분께 여러분들의 예금이 안전하다는 사실을 말씀드리는 바입니다"라는 표현을 썼다.

정치인들이 보장해 줘야만 하는 화폐는 어떤 종류의 화폐일까? 대답은 간단하다. 나쁜 화폐bad money다. 그럼 당신은 다음 질문을 받았을 때 망설임 없이 대답할 수 있을 것이다. "좋은 화폐나 현물 화폐가 과연 정치인들의 보증을 필요로 할까?" 우리의 생각을 말하자면 절대 그렇지 않다.

현재 우리가 사용하는 화폐, 사용해야 하는 화폐는 나쁜 화폐다. 사람들의 자발적인 합의에 기초한 화폐가 아니다. 우리의 화폐 시스템은 순수한 지폐 시스템이다. 한편, 어느새 전 세계의 모든 화폐가 순수한 지폐 형태를 띠게 되었다. 화폐와 금의 결합 관계는 1971년, 당시 미국 대통령이던 리처드 닉슨Richard Nixon이 1온스당 35달러였던 태환성convertibility을 하룻밤 사이에 파기해 버린 이후 영영 끊어졌다. 태환성은 금이나 은을 맡긴 사람에게 지폐를 발행해 주는 것으로 초기 지폐가 발행되었을 때 등장한 것인데, 종이에 불과한 지폐가 화폐로 통용될 수 있게 한 시스템이었다.

당시 베트남 전쟁 때문에 미국의 부채가 증가하면서 미국 달러에 대한 불신이 늘었고 미국 국고에서 점점 더 많은 금이 빠져나갔다. 이런 사태를 막기 위해 미국 정부는 금에 대한 달러의 태환성을 파기하는 것 말고는 뾰족한 방법이 없었다. 국가의 지출을 축소함으로써 잃어버린 신뢰를 되찾으려는 시도도 염두에 두었을 것이다. 그러나 국가와 정부는 실질적으로 절약하는 것을 매우 꺼린다. 결론적으로 돈을 받을 사람들에게 '지금부터 나눠줄 돈이 줄어들었어!'라고 이야기하는 것보다 남의 돈(세금)을 주는 것이 훨씬 더 편안한 방법이기 때문이다.

다시 돌아가서 국가는 화폐 통치권, 즉 화폐 생산에 대한 독점권을 보유하고 있다. 그런데 독점 체제는 나쁘다. 적어도 소비자들에게는 그렇다. 하지만 독점 체제를 구축한 장본인들에게는 그렇지 않다. 소비자들은 다른 모든 상품에 관해 어떤 생산자 한 명이 독점 체제를 만들면 비난하지만 우리가 쓰는 화폐에 대해선 누구도 그렇게 하지 않는다. 지금까지 단 한 번이라도 화폐에 대한 결정권을 국가가 쥐고 있는 이유에 대해 의문을 가진 적이 있는가? 대부분 그렇지 않을 것이다. 국민을 대상으로 정치인에 대한 신뢰도를 조사해 보면 결과는 대체로 처참하다. 2013년, 독일의 설문 조사 기관 엠니트에 따르면 독일 국민의 3분의 2가량이 정치인들을 신뢰하지 않는다. 그런데 신뢰할 수 없는 이들에게 우리가 사용하는 화폐의 책임을 최종적으로 양도하다니 흥미로운 일이 아닐 수 없다. 정치인은 전혀 신뢰하지 않으면서 그들이 우리에게 제대로 된 화폐를 제공해 준다고 믿고 있으니 말이다. 사실 위기가 다가올 때면 사람들은 화폐에 대한 신뢰를 잃어버리기 시작한다. 하지만 예금이 안전하다고 말하는 정치인들의 말은 믿는다.

돈의 흑역사에서 배울 것들

오늘날 인류는 믿을 수 없을 정도로 뛰어난 기술력을 보유하고 있다. 로봇이 탑재된 궤도 선회우주선을 화성에 보내고, 거의 모든 사람이 스마트폰을 소유하면서 지구 반대편에 있는 이들과 소통한다. 또 병원에서는 기증받은 심장을 일상적으로 이식한다. 마우스 클릭이나 스마트폰 터치 한 번이면 온라인에서 수많은 물건을 주문할 수 있고 다음 날 집 앞으로 배송된다.

그럼에도 화폐제도에 관한 한 우리는 한결같이 이성을 차단하는 것 같다. 화폐제도의 배후를 한 번이라도 꼼꼼히 따져보지 않고 정치인들에게 전적으로 맡긴다. 기한 내에 공항 하나를 완공할 능력조차 없어 보이는 사람들에게 우리의 화폐제도를 맡기고 있는 것이다. 그러나 그들은 분명 돈이라는 주제만큼은 정통한 사람들이다. 지금의 화폐 시스템이 굴러가는 방식은 결코 진부하거나 시시하지 않다. 그렇지만 의도적으로 켜놓은 무수한 등불에 가려져 있어서 평범한 국민은 화폐 시스템의 정확한 방식을 파악하지 못하고 있고 문제 삼지도 않는다. 바로 그런 이유로 이 책이 존재한다.

경제학자 루트비히 폰 미제스의 제자이자 노벨상 수상자인 프리드리히 하이에크Friedrich Hayek, 1899~1992는 이미 1970년대에 국가가 화폐(돈)를 다뤄온 역사가 끝없는 기만과 사기의 역사라고 설명했다.

화폐 시스템이 제 기능을 발휘하기 위해 반드시 국가가 간섭할 필요는 없다. 합법적인 지불수단을 마련하는 것이 필요하고 중요한 일이라는 말은 한마디로 거짓이다. 우리의 역사는 인간이 화폐로 사용할 대상에 자발적으로 합의하는 과정을 논리 정연하게 보여준다. 우리는 그런 활동을 그냥 내버려둬야 한다.

지금은 시대 자체가 과거와 다르고 현대 국민경제가 성장하려면 새로운 돈과 대출이 필요하다며 이의를 제기하는 사람들도 있을 것이다. 국가와 정부의 의견에 동조하는 경제학자들에게서 흔히 듣게 되는 말과 같다. 이런 주장도 사실이 아니다. 국민경제는 그때그때의 통화량과 조화를 이뤄 알맞게 굴러간다. 돈이 많아진다고 해서 국민경제가 더 부유해지지는 않는다.

경제학자 머레이 N. 라스바드Murray N. Rothbard, 1926~1995는 저서《정부는 우리 화폐에 무슨 일을 해왔는가What has Government done to our money?》에서 이렇게 말한다.

밤새 착한 요정이 나타나 우리의 지갑과 돈주머니, 그리고 통장에 손을 뻗쳐 우리가 가진 돈을 두 배로 늘려 놓는다면 과연 어떤 일이 일어날까? 우리가 두 배로 부유해질까? 아니다. 우리를 부유하게 만드는 것은 넘쳐나는 재화다. 그리고 이런 과잉 상태를 제한하는 것은 자원의 빠듯함이다. 예를 들어 땅, 노동, 자본의 빠듯함인 것이다. 돈의 양을 몇 배로 늘린다고 하더라도 자원의 결핍을 극복할 수는 없다. 한순간 우리가 두 배로 부자가 된 것 같은 느낌이 들 수 있겠지만, 실제로 그것은 화폐 공급의 효력을 약화할 뿐이다. (…) 새로운 소비재나 자본재는 생활 수준을 향상시키지만 새로운 돈은 그저 가격만 끌어올릴 뿐이다.

우리가 없애야 할 오류가 한 가지 더 있다. 화폐가 견고하면 견고할수록 그만큼 더 좋다는 생각이다. 아마 당신은 '그럼 도대체 왜 유럽중앙은행은 물가를 안정적으로 유지하는 것을 본연의 과제로 생각하는가?'라고 물을 것이다. 반대되는 질문을 던져보겠다. '왜 유럽중앙은행은 가격 하락을 막는가?' 사실 우리는 가격 하락에 전혀 반대할 이유가 없다. 그러나 중앙은행은 어쩐지 가격 하락을 반대하는 것 같아 보인다. 왜 그럴까? **지폐 중심의 화폐 시스템에서는 가격 하락이 파괴적으로 작용할 수 있기 때문이다.** 그 이유에 대해서는 이 책을 읽으면서 차차 알게 될 것이다.

실물 화폐의 구매력은 오늘날 우리가 쓰는 국가 지폐보

다 안정적일 것이며 시간이 흐를수록 상승하는 경향이 있을 것이다. 이는 분명한 사실이다. 그러나 제아무리 실물 화폐라고 하더라도 구매력이 절대적으로 안정적이진 않을 것이며 변수가 등장하면 동요될 것이다. 화폐의 구매력은 수요와 밀접하게 관련됐기 때문이다. 화폐의 수요는 때로는 높아지고, 때로는 낮아지면서 지속적으로 변한다.

곰곰이 생각해 보자. 경제적 불확실성이 커지면 사람들은 오히려 돈을 더 많이 보유하려는 성향을 보인다. 화폐에 대한 수요가 상승하는 것이다. 이와 대조적으로 상품 가격이 다시 매력적으로 여겨지는 시점, 불확실성이 사라지고 화폐를 상품과 교환하려는 욕구가 다시 늘어나는 시점까지 상품 가격은 떨어진다. 반면 경제적 불확실성이 낮은 시기에는 화폐에 대한 수요가 줄어들고 상품 가격이 상승하는 경향이 나타난다. 상품 가격이 지나치게 높다고 여겨지는 시점, 화폐를 상품과 교환하려는 욕구가 다시 줄어드는 시점까지 가격은 올라간다. 가격은 오직 이런 방식을 통해 신호 효과를 발휘할 수 있다.

그러나 발권은행은 자체적으로 설정한 목표, 즉 물가 안정이라는 목표 아래 이러한 신호 효과의 출현을 허용하지 않는다. 발권은행이 추구하는 것은 물가 안정이라는 허상을 만들어서 지폐의 지속적인 구매력 상실을 알아차리지 못하도록 만드는 것이다.

미래는 언제나 불확실하다. 다만 불확실성이 강해지고 약해지는 시기가 존재할 뿐이다. 오직 그런 이유 하나 때문이라도 돈을 보유하는 일은 전적으로 필요하다. 1장에서 당신의 마음을 조금이라도 움직일 수 있었으면, 그래서 지금까지 익숙했던 대상의 배후를 파고들도록 만드는 데 성공했으면 하는 것이 우리의 바람이다.

우리가 꼭 알아야 할 돈의 본질

국가적 강압 없이 사람들이 교환 수단으로 사용하고 싶은 물건에 자발적으로 합의한다면 경쟁 과정을 거쳐 좋은 화폐good money, 즉 보편적으로 받아들여지는 교환 수단이 탄생한다. 그러나 국가의 주도 아래 만들어 낸 화폐이자 통화량을 국가가 자의적으로 변화시킬 수 있는 화폐는 나쁜 화폐bad money다. 이에 노벨상을 받은 경제학자 프리드리히 하이에크는 이렇게 말했다. "국가가 화폐를 다뤄온 역사는 끝없는 기만과 사기의 역사"라고.

2장

누가
돈의 주인인가

정치인들은 'easy money'를 사랑한다. 국가와 권력 엘리트들이
변제 따위는 생각할 필요도 없이 마음껏 빚을 질 수 있기 때문이다.

— 롤란트 바더

돈이 계속 늘어나는 이유

이제 화폐가 무엇인지 분명하게 밝혀졌고, 화폐가 어떻게 형성되는지에 대한 물음에 파고들 수 있게 되었다. 당신도 현시대에서 화폐를 만들어도 되는 사람과 그렇지 않은 사람이 누구인지 알고 싶을 것이다. 그리고 이 모든 게 시스템 속에 어떻게 숨겨져 있는지도 궁금할 것이다. 앞서 서문에서 유로화 도입 이후 M2 통화량이 두 배 정도 늘어났다고 언급했다. 여기서 '유로화 도입 이후'라는 말은 유로화가 존재한 이후에 비로소 통화량이 확장되기 시작했다는 추측을 낳을 수 있는데, 그건 잘못된 생각이다. 독일 마르크가 사용되던 시대에도 통화량은 확장되었다. 하지만 일반적으로 그 시대에는 지난 몇 년 사이에 그랬던 것처럼 통화량이 급속도로 늘어나지는 않았다.

그럼 통화량은 어떤 식으로 늘어날까? 첫 번째로 우리는 자연적인 화폐 생산을 고찰해 보고자 한다. '자연적'이라는 말은 순수한 실물 화폐 시스템에서 통화량이 금과 은의 경우처럼 새로 채굴된 귀금속의 양만큼 늘어난다는 의미로 이해될 수 있다. 자유시장에서는 누구나 금과 은을 찾아 나서도 무방하다. 하지만 암석에서 귀금속을 분리하는 일, 금과 은을 함유한 암석층을 찾아내는 일은 많은 비용과 노력이 필요하고 지금도 마찬가지다. 그렇기 때문에 **역사적으로 귀금속 통화량의 증가율은 언제나 매우 낮은 수준으로 유지되었다.** 바로 이런 결핍이 금과 은을 훌륭한 교환 수단으로 만든 요인이 되었다.

과거에는 금 시굴자들과 금 세공사들이 귀금속 생산과 가공을 도맡았다. 화폐가 하나의 물건, 그것도 최고의 시장성을 가진 물건이라는 관점에서 보면 금 시굴자와 세공사가 하는 일은 여느 물건을 제작하는 일과 다르지 않았다. 이런 형태의 화폐 생산에 대해서는, 보통 사유재산을 침해하지 않는 다른 모든 형태의 재화 생산에 반대할 이유가 없는 것과 마찬가지로 전혀 반대할 이유가 없다. 만약 귀금속을 기반으로 하는 화폐 시스템에서 누군가가 물질을 합성해 인공적으로 금을 제작한다면, 그래서 금의 양과 통화량이 늘어나는 일이 생긴다면 시장 참여자들이 금에서 다른 화폐로 이동할 가능성이 매우 높다. 강압이나 국가적인 개입 없이 사람들이 자발적으로 그들이 사용할 화폐에 합의를 하는 자유시장에서는 이런 행동이 지극히 정상적이고 유익한 과정으로 작용한다.

일단 앞 장에서 상상 놀이를 했던 작은 도시로 다시 돌아가 보자. 그 사이 도시에서는 교환 수단으로써 금의 형태가 다각도로 개선되었다. 금으로 만든 작은 판이 지불수단으로 사랑받는다는 사실을 알아차린 어느 금 세공사가 작은 판들을 한데 녹여 동전으로 만들 생각을 하게 되었다. 그는 금의 도입으로 크게 간소화된 교환 업무를 한층 더 간소화하기 위해서 무게 단위를 도입해 1그램, 5그램, 10그램, 50그램, 100그램짜리 동전을 주조했다. 금 세공사는 작업을 수행한 대가로 사람들에게 동전 주조에 따른 수수료를 요구했다.

작은 도시의 사람들은 어느새 금으로 상업 활동을 하는데 익숙해졌다. 그들은 자신들의 물건을 직접적으로 교환하는 대신, 금화를 통해 간접적으로 교환하는 방식을 높이 평가하게 되었다. 이후 교환 거래가 급격히 증가했으며 사람들도 더 부유해졌다.

유일한 문제가 있다면 금을 항상 집에 보관하고 있어야 한다는 점이었다. 누군가가 금을 잃어버린 사건도 있었고 집에 도둑이 침입한 절도 사건도 있었다. 그러던 중 시장 참여자 A가 한 가지 사업 아이디어를 떠올리게 되었다. 금 보관 문제를 해결할 서비스를 제공하는 것이었다. A는 이 도시 사람들에게 금을 안전하게 보관하는 서비스를 제공하기 시작했다. 그는 자신의 사업장에 금고를 설치하고 금 보관을 위탁한 사람들에게 정확한 금의 양이 기재된 보관증을 발급해 주었다. 또 대형 공동 금고를 들이면서 금을 안전하게 보관하는 서비스를 매우 저렴한 가격에 제공했다.

사람들은 보관 수수료를 지급할 준비가 충분히 되어 있었다. 수수료만 내면 금을 집에 보관하지 않아도 되기 때문에 금을 잃어버리거나 절도 피해자가 될 위험성이 줄어들었다. 보관증은 감춰두기가 훨씬 더 쉬웠고, 보관증만 있으면 모두가 언제든지 A를 찾아가 상응하는 양의 금을 받을 수 있었다. 편리하고 천재적인 아이디어가 아닐 수 없다. 이를 실행에 옮기기 위해서는 한 가지 절대적인 전제조건이 있다. A가 반드시 다른 시장 참여자들에게 신뢰를 받는 사람이어야 하고 평판에도 문제가 없어야 한다는 점이다. 악한 사람에게 금을 맡길 사람은 아무도 없다. 당신이라면 신뢰하지 않는 은행에 당신의 돈을 맡기겠는가?

A의 사업 모델은 원활하게 돌아갔다. 많은 사람이 금을 보관하고 보관증을 받아 갔다가 물건을 살 일이 생기면 즉시 맡겨 둔 금을 찾았다. 상인들이 아직은 미심쩍어해서 종이 보관증이 아닌 진짜 금을 원했기 때문이다. 상인들은 물건을 판매하고 받은 금을 다시 A에게 보관하고 보관증을 받았다. 그러나 시간이 지나 상인들도 차츰 보관증을 물건 대금으로 받아들이기 시작했고 보관증을 A에게 가져가 금으로 교환했다. A가 언제든 금을 내어줬기 때문에 마침내 상인들은 교환 절차도 생략했다. 보관증이 유통되기 시작하자 이내 보관증 자체가 금을 대신한 지불수단, 즉 화폐로 쓰이기에 이른다. 보관증만 있으면 언제든 A를 찾아가 현물 교환을 요구할 수 있다는 것을 모든 시장 참여자가 암묵

적으로 인지하고 있었기 때문이다.

시장 참여자들은 점차 보관증을 금으로 교환하지 않았고 A도 이 사실을 알아차렸다. 대부분의 금이 늘 금고 속에 있게 되자 A는 이 상황을 자신에게 유리한 방향으로 이용할 수 없을지 고민했다. 그리고 마침내 A는 대부업에 뛰어드는 방안을 생각해 냈다.

장난감 판매상 S가 A에게 100그램의 금을 맡긴다고 가정해 보자. S는 금을 맡기고 금 100그램에 대한 보관증을 받아 간다. 이어서 A는 도저히 유혹에 저항하지 못하고 건축업자 H에게 S가 맡긴 금 가운데 90그램을 현물로 빌려준다. 혹시 눈치챘는가? 방금 거의 초자연적인 행위가 일어났다. 아무것도 없는 상태에서 새로운 돈이 만들어진 것이다.

S가 A에게 금을 맡기기 전, 그가 가진 것은 금 100그램이었다. 지금 S는 금 100그램에 대한 보관증을 가지고 있다. S는 자신이 금 100그램을 소유하고 있다고 굳게 믿고 있다. 그를 비롯한 시장 참여자들의 눈에는 보관증이 곧 금이나 다름없기 때문이다. S가 맡긴 금은 A의 금고에 매우 안전하게 보관되어 있으며 언제든지 찾을 수 있다. 그뿐만 아니라 때에 따라서는 물건을 살 때 보관증을 낼 수도 있다. 이와

동시에 H도 90그램의 금을 현물로 가지고 있다. 두 사람 모두 정당하게 190그램의 금을 소유하고 있다고 여기며 그에 상응해 행동한다. 당신도 놀랐을 것이다. 바로 이 순간 통화량이 자그마치 90퍼센트나 늘어났다. A가 금을 현물로 빌려주는 대신, 추가로 금 90그램에 대한 보관증을 발급해 주었다고 상상해 보면 화폐가 새롭게 만들어졌다는 사실이 한층 더 분명하게 드러난다. 어쨌든 양쪽 모두 화폐의 효과는 동일하다.

A의 새로운 사업은 금세 성공 궤도에 오른다. 시장 참여자들은 대출해 주겠다는 A의 제안을 기꺼이 받아들인다. 과거에는 돈을 빌리려면 다른 누군가가 특정 기간 본인의 금 혹은 보관증을 포기할 각오가 되어 있어야 했지만 이제 그럴 필요가 없어졌다. 알다시피 보관증은 거의 무無에서 만들어진다. A가 보관증을 제작하는 데는 종이와 약간의 잉크만 필요할 뿐이다. 얼마나 천재적인 사업 모델인가. A는 무에서 보관증을 만들어 이를 대출금 명목으로 빌려준다. 그런데 재미있는 점은 대출금 상환이 부분적으로 진짜 금으로 이루어지기도 한다는 것이다. 여기에 A는 대출해 준 대가로 이자까지 챙길 수 있다.

이때 A가 유의해야 할 점은 대출을 너무 많이 해주지 말아야 한다는 것뿐이다. 그러지 않으면 시장 참여자들이 의심하게 될 수 있고 유통되는 보관증의 숫자가 점점 더 늘어나고 있다는 사실을 그들이 알아차릴 수도 있기 때문이다. 이렇게 되면 어떤 일이 일어날지 당신도 잘 알고 있을 것이다. 사람들이 A에 대한 신뢰를 잃어버리고, 이어서 각자의 보관증을 진짜 금으로 교환하기 위해 모두가 A에게로 달려갈 것이다. 맞다. 이것이 바로 대규모 예금 인출 사태인 뱅크 런Bank-Run이다. 그런데 그들 중 마지막으로 달려간 사람들은 빈손으로 돌아오게 될 것이다. 이는 자명한 사실이다. 보관증의 일부만 금 보유고의 형태로 비축되어 있기 때문이다.

A가 영위하는 사업의 논리적인 결과물이 바로 이것이다. **통화량이 늘어난다.** 원래 금을 맡겨둔 대가로 발급된 보관증들이 유통된다. 여기에 대출을 제공하는 순간 발급되는 보관증이 추가로 덧붙여진다. 여기에서 비롯된 최종 결과에 대해서는 나중에 다시 살펴볼 것이다.

어쨌든 한 가지 사실만큼은 확실히 확인할 수 있다. A의 대부 사업은 고객들이 그에게 위탁한 귀중품에 대한 악용을 의미한다. 그는 타인의 소유물을 이용함으로써 그들의 소유권을 침해한다. 그의 행동은 한 마디로 범죄 행위와 다름없다.

정부는 사업을 할 뿐이다

이쯤에서 알아차렸겠지만 A가 영위하는 사업은 현재의 은행 사업과 유사하다. 심지어 A의 사업장이 곧 은행이라고도 말할 수 있다. **사람들의 예금으로 대출을 해주는 행위, 이것이 은행의 본질적 특징이다.** 그래도 여기까지는 아직 국가와 정부가 화폐와 관련해 개입하지 않았고, 또 어떤 방법으로든 참여하지도 않았다. 아직은 그렇지만 이 일련의 사건들을 지켜봐 온 것만큼은 분명한 사실이다.

그렇다면 국가와 정부는 왜, 어떤 방법으로 화폐 생산을 점진적으로 독점하게 된 것일까? 1장에서 우리는 이미 다음과 같은 사실을 언급한 바 있다. '정치인들은 절약을 좋아하지 않는다.' 하지만 현실은 오히려 그 반대다. 국민의 환심을 사고 표를 얻거나 선거공약을 지키려는 사람이라면 반드시 많은 돈을 손에 쥐어야만 한다. 하지만 어디에서 돈을 구할 것인가? 이때 세금은 그다지 사랑받지 못하는 방법이다. 세금은 국가의 지출과 선거용 선물이 하늘에서 그냥 뚝 떨어지는 것이 아니라 비용을 발생시킨다는 것을 보여준다. 이런 상황에서 화폐 문제를 해결하기 위한 방안으로 화폐 생산에 직접 관여하는 것보다 더 좋은 방법이 어디에 있겠는가?

'어떤 방법으로?'라는 의문을 해결하는 데도 그리 오랜 시간이 걸리지 않는다. 자국 영토 내에서 한 명의 결정권자가 최고의 권위와 권력을 지니고 있는 국가라면 은행의 화폐 생산 업무를 자신에게 유리한 방향으로 이용하기가 비교적 쉽다.

A가 보관증을 과도하게 발행함으로써 시장 분위기를 과열시켰다고 상상해 보자. 호황기에 이어 침체기가 찾아온다. 다수의 채무자가 더 이상 대출금 이자를 지급하지 못한다. 사람들은 A의 파산을 의심하면서 자신들이 보유한 보관증을 금으로 교환하기 시작하고 금을 보관해 둔 A의 금고가 점점 빠른 속도로 비어간다.

A는 결국 금 지급을 중단할 수밖에 없는 상황에 놓인다. 격분한 고객들이 그를 법정으로 끌고 가지만, 멀리 떨어진

수도에 거주하는 국왕은 소송에 참석해 A의 범죄 행위가 그렇게까지 악랄한 건 아니라는 결정을 내린다. 국왕은 고객들에게 조금만 참아주라고 하면서, 그렇게 하면 A가 차차 돈을 상환할 것이라고 말한다. 고객들은 화가 났지만 A는 계속 사업을 운영한다. 경제가 서서히 회복되면서 급기야 A에게 추가로 금이 유입된다. 그러던 중 국왕이 낮은 이자로 대출을 받을 수 없겠느냐고 A에게 문의를 해온다. A는 새롭게 무담보 보관증을 발급해 대출을 해주는 일을 다시 감행해야 할지 어떨지 고민한다. 국왕이 대출을 문의한 이유는 국가를 방어하기 위한 전쟁에 많은 돈이 들기 때문이다. 이런 상황에서 A는 국왕의 문의를 거절하지 못한다. 그는 보관증을 위조해 국왕에게 대출해 준다.

이를 통해 게임이 새롭게 시작된다. 국가와 은행 시스템 간에 부정한 결탁 관계가 구축된다. 국왕은 은행 고객들의 권리를 지켜주기는커녕 A가 무에서 돈을 만들어 내도록 허용해 준다. 그 대가로 새롭게 만들어진 돈의 대부분이 국왕, 즉 국가로 귀속된다.

위의 상황을 이해하기 위한 역사적인 사건 두 가지가 있다. 1609년에 설립된 암스테르담 은행Bank of Amsterdam은 명성이 자자했다. 약 170년 동안 은행에는 고객들이 맡긴 모든 예금이 늘 100퍼센트 현물, 그것도 모두 금으로 비축되어 있었다. 이론적으로 보면 암스테르담 은행의 모든 고객이 동시에 나타나서 예금 상환을 청구해도 아무런 문제가 없었다. 뱅크 런 사태는 일어나지 않았을 것이라는 뜻이다. 적어도 1780년대까지 은행은 투자자들에게서 최고의 신뢰를 받았다. 하지만 제4차 영국 – 네덜란드 전쟁 비용을 충당하느라 돈이 필요했던 암스테르담에서 은행에 준비금, 즉 고객 예금의 일부를 대출해 달라고 요구하고 나서면서 상황이 바뀌었다.

두 번째는 잉글랜드 은행Bank of England이다. 잉글랜드 은행은 1694년 공적 지출에 사용되는 자금을 충당할 목적으로 설립되었다. 여기도 마찬가지로 일어날 일이 일어나고야 말았다. 경제학자 헤수스 우에르타 데 소토Jesús Huerta de Soto는 자신의 연구서《화폐, 은행 신용, 그리고 경기 변동Money, Bank Credit and Economic Cycle》에서 다음과 같이 말했다. "정부 은행으로서 특권을 부여받은 위상과 영국 내 유한책임 독점권, 은행권 발행에 대한 배타적인 권리에도 불구하고 잉글랜드 은행은 무너져 내렸다."

우리는 지금의 은행 제도와 위와 같은 역사적 사례에 등장하는 두 은행 간에 존재하는 한 가지 근본적인 차이점에 주목해야 한다. 비록 예금의 일부만이 준비금으로 보관되었다고는 하지만, 당시만 하더라도 준비금은 금으로 구성되어 있었다. 그러므로 무에서 돈을 창조하는 데는 적어도 자연적인 한계가 있었다. 지폐 한 장의 의미는 진짜 돈, 그러니까 귀금속으로의 태환 요청에 대한 상징이었다. 뱅크런 사태가 발생하면 반드시 금을 내놓아야 했고 그렇게 하지 않으면 파멸할 위험을 감당할 수밖에 없었다. **금은 마음대로 찍어 낼 수 없는 물건이다. 따라서 금 유출의 위험성은 무에서 돈을 생산하는 행위를 저지하는 중요한 제동 장치였다.** 은행은 고객들이 언제라도 금 태환을 요청할 수 있기 때문에 도를 넘는 행위를 자제해야 했다.

현대에는 더 이상 귀금속 지급에 대한 요청이 존재하지 않는다. 연방은행 총재 옌스 바이트만의 연설을 떠올려 보자. "지금의 화폐는 더는 실물자산의 뒷받침을 받지 못한다. 지폐는 그저 인쇄된 종잇장에 불과하다. 여러분 중에 전문가들은 유로화가 사실상 면직에 지나지 않는다는 것을 잘 알고 있다."

잠시 농담을 하자면, 재미 삼아 5유로짜리 지폐를 유럽중앙은행으로 보내보자. 상냥한 어투의 편지를 함께 동봉해 지폐를 상환해 달라고 부탁하도록 하라. 만에 하나 답장을 받게 된다면, 마찬가지로 상냥한 어투로 작성된 편지가 당신 앞으로 배달될 것이다. 상환금 명목으로 또 다른 5유로짜리 지폐가 동봉된 채로 말이다.

어쨌든 역사는 제 갈 길을 걸어갔다. 이제 당신은 국가가 화폐를 다뤄온 역사가 끝없는 기만과 사기의 역사라고 했던 하이에크의 말이 무슨 뜻인지 이해할 수 있을 것이다. 국가와 은행 간에 존재하는 매우 긴밀한 결탁 관계이자 공생 관계의 원천은 아주 오래전으로 거슬러 올라간다. 그사이 많은 세월이 흐른 탓에, 몇 세대에 걸쳐 살아온 사람들은 현행 화폐 시스템을 제외한 다른 화폐 시스템은 알지 못할뿐더러 이런 이유로 현행 화폐 시스템의 정당성에 대해서도 아무런 의혹을 품지 못할 지경에 이르렀다.

루트비히 폰 미제스는 이미 1940년에 그의 저서《국민경제》에서 다음과 같은 통찰을 제시했다.

정부의 은행 정책이 지닌 기본적인 특징은 통화 발행을 제한하는 데에 있는 것이 아니라, 그것을 장려하는 데 있다(여기서 통화란 대출을 통해 유통되는, 앞서 예시에 등장한 보관증을 의미한다). 사람들은 은행에 특권을 부여했다. 은행의 대출 확대 권한을 규제하는 제한 규정들을 철폐해 대출비용을 낮추거나 국고에 직접적인 이익을 도모하기 위해서다.

정부는 최종 결정권자로서 법률을 반포하며 우리의 이야기 속 작은 도시에서 A가 행했던 사업들, 우리가 사기로 인식했던 사업들을 정당화한다. 은행은 그 대가로 무에서 새롭게 만들어진 돈, 즉 신용대출의 형태로 새롭게 만들어진 돈을 가지고 국가 지출과 국가 부채를 충당하는 데 기여할 용의가 있음을 밝힌다.

궁극적으로 **지폐의 도입은 정부가 화폐제도에 대한 지배권을 점진적으로 획득할 수 있도록 만들어준 핵심 요소였다.** 과거에는 금화와 은화를 주조하는 일이 개인 세공사가 수행한 과제였다면, 지폐가 도입된 이후에는 국가가 이 영역에 대한 독점권을 차지했다. 그렇게 개인 화폐 공급업자들이 시장에서 내몰리게 되었고 그 과정에서 법적 분쟁도 생겼다.

더 많은 돈을 만들어 내기 위해 화폐와 금의 결합 관계가 느슨해지기 시작했고 사람들은 현물 금을 사용하는 습관을 버리게 되었다. 목적에 부합하는 법 제정과 여러 가지 매력적인 유인책을 통해 지폐 유통이 장려되면서 지폐를 금으로 바꾸기가 점점 어려워졌다. 사람들은 서서히 지폐에 익숙해졌다. 제2차 세계대전이 끝날 즈음인 1944년에 이르러 브래튼 우즈 체제Bretton Woods System가 등장하면서 외국 발권은행에 적용되는 1US - 달러의 가치가 금 35분의 1온스로 책정되었다. 그러나 일반인은 금 지급에 대한 요구를 제기할 수 없었다. 사람들은 이 시스템을 가리켜 금본위제로 명명하기도 했다.

하지만 이 체제는 1971년에 폐기되고 말았다. 브래튼 우즈 체제가 유지될 수 없었던 이유는 바로 정치인들이 계속해서 그들이 가용할 수 있는 범위보다 훨씬 더 많은 돈을 지출했기 때문이다. 브래튼 우즈 체제에서 유지되었던 미약하고도 간접적인 금과의 결합 관계조차도 무절제하게 돈을 써대는 정치인들에게는 매우 큰 제약으로 작용했다. 그들 입장에서 그런 제약은 반드시 없어져야만 했다.

1971년 이후로 이제 우리는 전 세계적으로 순수한 지폐 시스템 속에서 살고 있다. 이론적으로 이 시스템에서는 통화량이 무한대로 늘어날 수 있다. 뱅크 런 사태가 발생했을 때 금 보유고가 제한적이라고 하더라도 전혀 문제 되지 않는다. 우리 모두 이 게임에 참여할 수만 있다면 얼마나 멋지겠는가. 하지만 국가와 은행들이 스포일러 역할을 하면서 흥을 깨버리니 국민은 언제나 바깥에 머무를 수밖에 없다.

발권은행은 흔히 최종 대출자나 최종 구원자lender of last resort로 불리기도 한다. 고객들이 동시에 몰려와 예금을 인출하는 사태가 발생했던 것과 같이, 은행들이 위기 상황에 봉착했을 때 개입해서 위기를 해결해 주는 구원자 말이다. 그 대표적인 은행은 1913년에 설립된 미국 발권은행이다. 미국 발권은행은 시중은행들의 요청에 따라 최종 대출자 역할을 하기 위해 설립되었다. 은행가들은 멍청한 사람들이 아니다. 그들은 뱅크 런 사태가 발생했을 때 발권은행이 존재하지 않으면 돈벌이가 되는 게임도 끝이라는 것을 잘 알고 있다.

그러니 발권은행의 존재는 전적으로 그들의 이해관계에 부합하는 일이다. 문제가 불거졌을 때 발권은행이 무제한적인 유동성을 제공할 수 있다는 것을 알고 있으면 여러모로 유익하다. 이런 안전장치가 마련된 상태에서 시중은행들은 한층 더 공격적으로 새로운 돈을 만들어 낼 수 있다.

국가가 게임에 개입하지 않는 경쟁 중심의 화폐 질서에서는 발권은행이라는 존재가 전혀 필요하지 않다. 이제 당신은 전 세계의 정부들이 무에서 유로 새로운 돈을 만들어 내는 이 사업모델을 어떤 방법으로, 왜 점유하고 모방했는지 분명하게 알 수 있을 것이다. 법을 이용해 화폐 독점권을 거머쥔 그들은 이제 전체 은행 시스템과 공동으로 화폐 생산과 화폐 인쇄가 가져다주는 이익을 만끽하고 있다.

돈을 찍어 내는 은행의 특권

당신은 독점을 어떻게 생각하는가? 개인이 돈을 인쇄해 그 돈으로 가치 있는 자산을 구매하는 일이 허용되는가? 그렇지 않다. 하지만 발권은행은 그렇게 해도 무방하다. 그럼 개인이 컴퓨터로 돈을 만들어 다른 사람의 계좌에 입금하고 그 대가로 이자를 받는 일이 허용되는가? 안 된다. 하지만 발권은행은 그렇게 할 수 있다.

어째서 발권은행은 그렇게 해도 되고 개인은 안 되는가?

당신은 이것이 정당하다고 생각하는가? 정의로운 사회가 이런 시스템을 기반으로 삼는 것이 정당한 일인가? 우리가 곰곰이 생각해야 할 점은 누구도 이런 사실을 불편하게 여기지 않는다는 사실이다. 사람들은 민간 화폐 시스템을 쟁취하기 위해 투쟁하기보다 오히려 거북이용 철도 건널목 건설을 쟁취하기 위해서 시위를 벌인다. 적어도 지금까지는 그래왔다.

이제부터 우리는 은행 시스템이 돈을 만들어 내는 방법을 구체적으로 살펴보려고 한다. 기회가 되면 친구나 지인들에게 끝없이 늘어나는 통화량이 어디에서 비롯되는지 아느냐고 한번 물어보자. 거의 100퍼센트 "발권은행이 돈을 찍는다", "돈은 유럽중앙은행에서 인쇄된다"라고 대답할 것이다.

발권은행이 돈을 찍는 것은 엄연한 사실이니 이 대답은 부분적으로 옳다. 하지만 오늘날에는 1923년 바이마르 공화국의 하이퍼인플레이션 시대에 그랬던 것처럼 지폐 형태로 돈을 찍어 내는 경우는 거의 없다. 당시 사진을 보면 사람들이 돈다발을 수레에 싣고 거리를 돌아다니는 모습을 찾아볼 수 있다. 현대의 발권은행들은 화폐를 직접 인쇄하기보다 오히려 전자식으로 비트와 바이트 형태로 화폐를 만드는데, 비용 측면에서 이 방식이 훨씬 더 저렴하다. 이런 형태의 돈을 만드는 데는 우리의 작은 도시에 사는 A가 사용했던 종이와 잉크조차도 필요하지 않다. 발권은행은 대출사업을 지원하거나(언론의 공식 보도 자료에서 공표되는 것처럼) 유동성을 개선하기 위해 전자 화폐를 은행 시스템으로 흘려보낸다.

발권은행은 크게 두 가지 이유로 화폐를 생산한다. **첫째, 은행 시스템을 구제하기 위해서다.** 알다시피 은행 시스템은 간접적으로 정치 자금을 조달하는 데 도움이 된다. **둘째, 국가가 필요로 하는 자금을 직접적으로 조달하기 위해서다.** 발권은행은 국가 부채인 채권을 직접 매입함으로써 국가에 자금을 조달한다. 이때 발권은행은 곧장 국고로 자금을 송금해 주고 이에 대한 반대급부로 국채가 발권은행으로 흘러 들어간다. 이때 필요한 돈은 새로운 지폐 발행을 통해 만들어진다. 좀 더 정확하게 말하자면 컴퓨터에서 곧바로 생성된다.

전문용어로 이를 '화폐 주조'라고 한다. 고상한 말처럼 들리지만 그 과정이 조금이라도 개선되는 것은 아니다. 먼저 정부가 발권은행에 화폐 인쇄를 부탁한다. 이어서 돈을 송금받은 정부는 온갖 물건을 사들인다. 국회의원들이 사용할 태블릿PC, 국회의 차량 운행 업무를 수행하기 위한 호화로운 리무진 등을 구입하는 것이다. 혹은 대안이 없다는 주장을 내세우면서 파산 위기에 처한 어느 나라를 구제하는 데 그 돈을 쓰기도 한다.

사람들은 새로운 돈이 오로지 발권은행에서만 만들어진다고 믿는다. 현실은 오히려 그 반대다. **대부분의 통화량 증가는 은행들에서 자체적으로 일어난다.** 당신이 거래하는 은행에서도 그런 일이 벌어진다. 믿기지 않는다면 주변 지인을 대상으로 테스트를 해보라. 십중팔구 다음과 같은 대화가 오갈 가능성이 높다.

"너의 주거래 은행은 네 계좌에 들어 있는 돈을 가지고 도대체 무엇을 할까?"

"그 돈을 굴리는 일을 하겠지."

"그렇지. 그런데 정확하게 어떻게 굴릴까?"

"투자를 하겠지."

"그렇다면 은행은 그 돈을 어떤 방식으로 투자할까?"

"글쎄, 잘 모르겠는데."

"은행이 그 돈을 굴리고 있는 동안에도 네 계좌에 여전히 그 돈이 남아 있는 이유는 뭘까?"

"그것도 잘 모르겠는데."

"넌 당좌 계좌에 돈을 넣어두고 있지? 왜 당좌 계좌를 이용하는 거야?"

"단기간 안에 다시 돈이 필요할지도 모르니까 그렇지."

"그렇다면 단기간 안에 돈이 다시 필요할지도 모르는데, 은행이 어떤 형태가 되었든 너의 돈을 굴리는 것이 과연 제대로 된 일일까?"

"엄밀하게 말하면 아니지만, 그 돈을 언제든지 다시 찾을 수 있기만 하면 아무래도 상관없어."

이 같은 불확실성에 직면해 드디어 의혹을 해명할 시점이 다가왔다. 우리는 부분지급준비금 제도 속에서 살아가고 있다. 이는 은행이 당신의 돈을 다른 누군가에게 빌려주는 것을 최고 관청으로부터, 즉 법을 통해 공식적으로 허용받았다는 것을 의미한다. 은행은 최소 준비금만 확보하고 있으면 되는데, 그 금액은 고작 1퍼센트밖에 되지 않는다.

그렇다. 고작 1퍼센트다. 당신이 현금 1만 유로를 당신의 당좌 계좌나 보통예금 계좌 혹은 정기예금 계좌에 입금했다고 가정해 보자. 이론적으로 이때 은행은 그중에서 9,900유로를 타인에게 대출해 줄 수 있다. 은행은 현금 준비금 조로 100유로만 현금으로 보유하거나 발권은행 계좌에 넣어두면 된다. 놀랍게도 지금의 은행은 우리의 이야기 속에 등장하는 작은 도시의 A와 똑같은 방식으로 행동한다. 다만 A는 10퍼센트의 준비금 비율을 유지한다. 그는 금 100그램 중에서 10그램만 남기고 나머지 90그램을 대출금으로 빌려준다.

물론 "언제든 돈을 인출할 수만 있다면 난 아무래도 좋다"라고 말할 수도 있다. 하지만 이 책을 끝까지 읽고 나면 분명 당신도 이 일을 더 이상 아무렇지 않은 일로 여기지 않게 될 것이다.

은행이 당신의 당좌 계좌에 들어 있는 1만 유로 중 7,000유로를 당신의 이웃에게 빌려준다고 가정해 보자. 당신의 이웃은 은행에 찾아가 대출 계약서에 서명하고, 다음 날 은행 거래 명세를 열람해 대출금이 자신의 통장으로 입금되었는지 살펴본다. 당신은 은행 로비에서 그 사람과 우연히 마주친다. 그는 이미 자신의 통장 거래 명세를 인쇄한 상태다. 대출금이 벌써 송금되어 그의 통장에는 7,000유로의 잔고가 있다. 당신도 은행 거래 명세를 인쇄한다. 당신의 계좌에는 변화 없이 1만 유로가 들어 있다. 만약 당신의 계좌에 그 돈이 고스란히 들어 있지 않다면 당신은 즉시 항의할 것이다. 자, 이제 계산을 해보자. 7,000유로 더하기 1만 유로, 1만 7,000유로다. 하지만 당신의 이웃이 은행과 대출 계약을 체결하기 전에는 당신의 돈 1만 유로밖에 없었다.

이쯤 되면 자연스럽게 의문이 생길 것이다. '조금 전만 하더라도 없었던 7,000유로가 도대체 어디에서 온 것일까?' 이 질문에 대한 답은 믿을 수 없을 만큼 간단하다. '무에서 생겨났다.' 당신은 지금 막 새로운 돈이 만들어지는 과정을 지켜본 증인이 되었다.

이제 당신은 돈이 어떻게 만들어지는지 알게 되었고 지폐가 '명목 화폐Fiat Money'라고 불리는 이유도 이해할 수 있을 것이다. 라틴어를 구사하는 사람들은 짧지만 의미심장한 이 문장을 잘 알고 있다. 신은 세상을 창조하면서 이렇게 말했다 "Fiat lux." 이 말은 '빛이 있으라'라는 의미다. 즉, 'Fiat Money'는 '돈이 있으라'라는 뜻이다.

이러한 화폐 창조 과정이 당신의 구매력과 자산, 당신의 인생 전체, 그리고 궁극적으로는 사회 전체에 얼마나 부정적인 영향을 미치는지 아직 제대로 평가할 수 없을 테지만 이 책을 읽으면서 확실히 깨닫게 될 것이다.

화폐 시스템이라는 창조경제

게임은 여기서 끝나지 않았다. 다시 한번 당신 이웃의 새 계좌 잔고를 떠올려 보자. 우리는 그가 7,000유로로 무언가를 구입할 것이라고 가정해 볼 수 있다. 돈을 은행 계좌에 넣어 두기 위해 대출을 받진 않았을 테니 말이다. 예를 들어 그가 이 돈으로 새로운 주방을 설치했다면 그는 설비업자에게 돈을 송금할 것이다. 이 돈은 주방 설비업자의 계좌에 안착한다. 여기서 두 사람의 거래 은행이 같은 은행인지 다른 은행인지는 문제 되지 않는다.

여기서 돈을 창출하는 행위가 또다시 시작된다. 주방 설비업자에게 입금한 7,000유로 가운데 5,000유로를 은행이 또다시 자동차 판매업자에게 빌려줘 그 사람의 계좌로 이 돈을 송금해 준다고 가정해 보자. 그리고 다시 한번 당신 계좌를 들여다보자. 당신의 계좌엔 1만 유로의 금액이 그대로 찍혀 있다. 그런데 주방 설비업자의 계좌에는 7,000유로가 들어갔고 자동차 판매업자의 계좌로도 5,000유로가 들어갔다.

자동차가 팔려 판매업자가 은행에 5,000유로를 입금하면 게임은 다음 라운드로 넘어간다. 자동차 판매업자의 거래 은행이 새 TV를 사고 싶어 하는 어느 고객에게 3,000유로의 소비자 신용을 제공해 준다고 가정해 보자. 이 고객에게 TV를 판매한 후, TV 판매업자는 판매한 금액을 자신의 계좌로 송금한다. 이제 이들 모두의 은행 계좌에는 1만 유로 + 7,000유로 + 5,000유로 + 3,000유로가 들어 있다. 1만 유로가 2만 5,000유로로 불어난 것이다.

우리는 이런 일련의 과정을 계속 이어나갈 수도 있지만 그렇게 할 필요까지는 없을 듯하다. 이 정도 사례만 보더라도 이미 당신은 이 과정이 끊임없이 이어지고 다음 과정으로 넘어갈수록 취급 금액이 점점 줄어든다는 사실을 알게 되었을 것이다.

위의 사례에서 우리는 준비금 비율을 비교적 높게 책정했다. 먼저 첫 번째 단계에서 빌려준 금액은 1만 유로 중

7,000유로밖에 안 된다. 따라서 준비금 비율은 30퍼센트에 이른다. 유로 존에서 통용되는 1퍼센트에 불과한 최소 준비금을 이 사례에 적용하면 1만 유로에서 빌려줄 수 있는 금액은 7,000유로가 아닌 9,900유로나 된다. 그다음 단계에서는 9,801유로, 그다음은 9,702유로를 빌려줄 수 있다. 수학적으로 따지면 여기에는 수렴급수가 적용된다. 극단적인 경우에는 1만 유로가 100만 유로로 늘어날 수도 있다. 이 경우 은행은 99만 유로를 무에서 창출한 셈이 된다. 그리고 현금 준비금으로 1만 유로를(당신의 1만 유로, 즉 1퍼센트를) 보유하게 된다.

이 같은 화폐 시스템을 설명할 때마다 사람들은 누군가가 은행에서 받은 대출금으로 물건을 구입하거나 투자하면 그것을 통해 새로운 자산이 창출되는 것 아니냐고 묻는다. 쉽게 말해 '경제 성장이 이루어진다'라는 것이다. 물론 그럴 수도 있지만 무에서 만들어진 화폐로는 지속적인 복지를 창출할 수 없다. 이는 상상조차 하기 어려운 일이다.

"무'에서 '돈'을 만들어 그 돈으로 '복지'를 창출한다'라는 모델을 논리적인 관점에서 생각해 보라. 수십억 유로에 달하는 돈을 새로 만들어서 모든 사람에게 나누어 준다고 가정해 보자. 머지않아 누구도 더 이상 일할 필요가 없어질 것이다. 하지만 당신은 절대로 그런 상황이 올 수 없다는 것을 알고 있다.

국가가 독점하고 있는 강제적인 화폐 시스템은 인류 역사상 최대 사기극이라고 할 수 있다. 더 정확히 표현하자면 국민에 대한 최대의 사기극이다. 앞서 언급했지만 당신의 계좌 잔고가 유로화를 도입한 이후 두 배로 늘어나지 않았다면 당신 역시 사기를 당하고 있다고 생각하면 된다. 그들은 당신의 재산을 탈취하고 횡령하는 방법으로 당신을 기만하고 있다.

이런 일은 매우 은밀하게 진행되고 있을 뿐만 아니라 전적으로 제도화되어 있고 너무 복잡하기 때문에 누구도 이런 사실을 제대로 눈치채지 못한다. 자동차 회사 포드의 설립자인 헨리 포드Henry Ford는 이런 현실을 다음과 같이 지적한 바 있다. "우리의 금융 시스템과 화폐 시스템이 어떻게 돌아가는지 사람들이 알게 된다면, 다음 날이 미처 시작되기도 전에 우리는 혁명을 경험하게 될 것이다."

우리가 꼭 알아야 할 돈의 본질

오늘날 우리가 쓰는 돈은 무에서 생성된다. 새로운 돈의 대부분은 발권은행이 아닌 은행 시스템에서 만들어진다. 또한 우리의 돈은 탈물질화되어 있다. 국가는 화폐 생산의 독점권을 보유하고 있으며 국가에 자금을 조달해 주는 은행들은 특권을 부여받았다.

3장

우리의 돈은
얼마나 안전한가

누진 소득세와 인플레이션의 결합을 통해 자신들이
수 세대 전부터 막대한 규모로 착취당하고 있다는 사실과
자신들이 수행한 노동의 결실을 강탈당하고 있다는 것을
분명하게 아는 국민은 극소수에 불과하다.

— 롤란트 바더

인플레이션과 디플레이션의 진짜 모습

'인플레이션'과 '디플레이션'만큼 사람들이 정의를 혼란스러워하는 개념은 드물다. 인플레이션은 '부풀리다'라는 뜻의 라틴어 동사 'inflare'에서 파생되었고, 디플레이션은 '빠져나가다'라는 뜻으로, 라틴어 'deflare'에서 유래했다.

주변 사람들에게 인플레이션이 무엇인지 한번 질문해 보자. 아마 '모든 것이 비싸지면 그것이 인플레이션이다'라거나 그와 비슷한 대답을 들을 것이다. 사실 인플레이션에 대한 이런저런 정의는 옳거나 그르다고 할 수 없다. 학자들이 연구하기 위해 그런 정의를 만들어 낸 것뿐이다. 그러나 그런 정의들은 어떤 대상을 연구하는 데 적합하지 않을뿐더러 심지어 의도적으로 혼란을 불러일으키기도 한다.

실제로 20세기까지 인플레이션은 통화량의 확장을 지칭하는 개념으로 사용되었다. 그 반대의 경우도 마찬가지다. 디플레이션은 물가 하락의 시기 등을 지칭하는 개념이 아니라 통화량 감소를 의미하는 개념으로 쓰였다. 현 차원에서 통용되는 물가 인상과 인플레이션을 동일시하는 견해는 경제학자 존 메이너드 케인스John Maynard Keynes, 1883~1941가 관철한 것이다.

구글 검색 창에 인플레이션을 입력하면 놀랄지도 모른다. 대부분의 검색 결과에서 인플레이션이 물가 상승으로 해석되어 있기 때문이다. 어느 특정한 누군가의 해석도 아니다. 독일 경제부 웹 사이트에서부터 ARD나 ZDF 방송사의 인터넷 기사에 이르기까지 인플레이션의 개념이 물가 상승 혹은 화폐가치 저하와 동일시되고 있다. 심지어 유럽 중앙은행이 발행한 책《물가 안정: 이것이 너에게 중요한 이유는 무엇 때문일까?》에도 이런 내용이 등장한다. "근본적으로 인플레이션은 비교적 장기간에 걸쳐 물건과 서비스 가격이 보편적으로 혹은 광범위하게 상승하는 현상으로 정의된다. 이때 가격 상승은 화폐가치 하락과 이를 통한 화폐의 구매력 상실로 귀결된다."

디플레이션에 대한 정의도 거의 모든 곳에서 일치하며 이에 대한 사람들의 의견도 한결같다. 위의 사례에서 언급한 책에서도 디플레이션에 대해 "비교적 장기간에 걸쳐 보편적인 가격 수준이 떨어지면 디플레이션이 출현한다"라고 설명한다.

그토록 많은 사람들이, 심지어 전문가들조차도(독일 경제부와 유럽중앙은행에 소속된 사람들이라면 당연히 전문가다) 통화량 확장을 뜻하는 '인플레이션'의 전통적인 정의를 잊어버리고 있다. 고의로 무시해 버리는 듯한 상황을 감안하면 이들이 의도적으로 국민을 그릇된 길로 이끄는 것은 아닌가 하는 의구심이 든다. 우리는 모든 사람이 동시에 모든 것을 가질 수 없다는 사실과 통화량이 지속적으로 확장된다는 사실을 어쩔 수 없이 받아들여야 한다. 누구도 모든 것이 점점 더 비싸지는 현상의 배후를 캐묻지 않는다. 사람들은 이미 이런 현실에 익숙해져 있고 실제적인 이유를 묻는 경우도 아예 없기 때문이다. "그냥 그런 거야. 모든 것은 언제나 점점 더 비싸지기 마련이야. 당신도 알고 있잖아. 옛날에는 아이스크림 하나 가격이 10페니히밖에 하지 않았다는 걸." 종종 듣는 말이다. 그렇지 않은가?

인플레이션을 물가 상승으로 정의함으로써 사람들의 관심은 인플레이션의 진짜 원인이 아닌 다른 곳으로 향하게 된다. 이렇게 되면 타인에게 책임을 전가하기가 훨씬 수월해진다. 예를 들어 인플레이션이 일어나게 된 이유는 자본주의에 물들어 부를 축적하기 위해 가격을 올린 아이스크림 판매상이나 탐욕스러운 석유산업 때문인 것이다.

인플레이션을 물가 상승으로 명명하는 것은 어떤 질병의 증상과 그 질병을 유발한 원인을 서로 혼동하는 것과 같다. 질병을 유발한 원인은 열이 아니라 몸속에 침투한 바이러스다. 이와 마찬가지로 **물가 상승도 통화량 확장에 따른 다양한 결과 중 한 가지에 불과하다.** 요컨대 물가 상승은 결코 통화량 확장의 필연적인 결과물이 아니다. 그런데도 사람들은 물가 상승이 일어나지 않으면 모든 것이 정상이라는 그릇된 결론을 내리기도 한다. 그러나 이는 엄청난 착각이다. 설령 물가가 상승하지 않는다고 하더라도 통화량은 어마어마하게 확장될 수 있다. 이런 경우에는 혁신이나 분업 확대를 통한 생산성 향상처럼 또 다른 효과들이 물가 상승을 대체한다.

현 차원에서 널리 알려진 인플레이션의 개념은 사람들의 관심을 다른 곳으로 돌려 통화량 확장에 따른 중요한 현상들을 간과하게 만든다. 물가가 아예 오르지 않거나 거의 오르지 않는다고 하더라도 통화량 증대는 그에 따른 전형적인 결과를 초래한다. 이에 대해서는 앞으로 따로 다룰 것이다.

사람들이 통화량 증가로 이해되는 인플레이션의 정의에 등을 돌린 이유가 무엇인지에 대해 아직 명확하게 밝혀지지 않았다. 어쨌든 누군가는 이런 질문을 던질지도 모른다. "좋아. 그렇다면 이 많은 돈이 도대체 어디에서 온 거지?"라고 말이다. 하지만 그 누구도 속 시원하게 그것에 대해 설명해 주지 않는다. 물론 돈이 무에서 생성된다는 사실을 모든 사람이 다 알 필요는 없다. 그러나 결국엔 국민들이 다른 사람들은 손쉽게 돈을 만들어 내는데 왜 자신은 돈을 벌기 위해 불철주야 열심히 일해야 하는지 이유를 알려고 들지도 모른다.

또다시 강조하자면, **인플레이션은 통화량 확장을 가리키는 말이다. 반대로 디플레이션은 통화량 축소를 뜻한다.** 물가 상승은 인플레이션에서 비롯된 하나의 결과물로, 매달 연방통계청이 발표하는 물가 상승률에 반영되어 나타난다. 이게 전부다. 물가 상승률에 대해선 이후 몇 가지 정보를 추가해 설명하도록 하겠다.

유럽중앙은행의 전문가들은 심지어 통화량 증가의 목표치를 설정해 두기까지 했다. 그 목표치란 바로 연간 4.5퍼센트다. 이게 소위 말하는 '참고치reference value'로, 사람들은 유로 존에서 매년 이 비율로 통화량이 증가하기를 원한다.

하지만 돈이 더 많아진다고 해서 꼭 국민경제가 더 부유해지는 것은 아니다. 그런데도 발권은행에서 일하는 전문가들이 그렇게 믿고 있다면, 그들은 왜 통화량의 증가폭을 소박하게 책정한 것일까? 통화량이 연간 10퍼센트 혹은 20퍼센트씩, 아니 100퍼센트씩 늘어나도록 내버려두지 않는 이유는 도대체 무엇일까? 유럽중앙은행을 상대로 모든 유로 지폐와 동전, 예금 잔고를 회수해 각각 0이 하나씩 더 붙은 새로운 화폐로 대체할 것을 제안해 보라. 그렇게 된다면 통화량이 순식간에 10배로 증가할 것이며, 통화량 증대와 확장적인 유럽중앙은행 정책을 외쳐온 동시대인들이 환호성을 지를 것이다. 더 나아가 어쩌면 당신은 그런 제안을 한 대가로 노벨 경제학상을 받게 될지도 모른다. 상금으로

800만 스웨덴 크로네, 유로화로 환산하면 약 91만 5,000유로(이 돈은 통화량 10배 증가로 인해 무려 915만 유로로 불어날 것이다)가 당신 손에 들어온다. 그 광경을 한번 상상해 보라. 한 번 시도할 만한 일 아닐까?

자, 이제 다시 제대로 진지하게 생각해 보자. 통화량이 늘어난다고 해서 사회가 정말 더 부유해질까? 통화량이 늘어나면 자동차, 부동산, 식료품 등 실물 재화가 더 늘어나게 될까? 분명히 그렇지 않을 것이다. 당신의 제안대로 기존 지폐에 0을 하나 더 붙여 새로운 화폐로 대체했을 때 일어나게 될 일은 오직 하나, 시간이 흐르며 상품의 가격이 10배가량 뛰어오르는 일뿐이다. 반대의 경우도 마찬가지다. 모든 지폐와 동전, 그리고 예금 잔고에서 0을 하나 빼버린다고 해서 사회가 더 빈곤해지는 것은 아니다. 이렇게 된다 하더라도 실물 재화는 사라지지 않는다. 단지 통화량이 10분의 1로 줄어드는 것뿐이다. 그리고 남아 있는 유로의 구매력은 10배로 늘어난다.

이는 **통화량이 얼마든 간에 화폐가 가진 교환 기능을 충족시키는 데는 전혀 문제가 없다**는 사실을 보여준다. 지폐에 0을 한 개 더하면 상품 가격은 10배로 뛰어오르고, 0을 하나 빼면 가격이 10분의 1로 낮아진다. 하지만 이로 인해 유로화가 더 좋은 화폐 혹은 더 나쁜 화폐로 변하는 것은 아니다. 이런 깨달음은 통화량이 반드시 '재화량의 성장과 보조를 맞춰야 한다'라거나 '경제가 성장하려면 통화량 증가가 필요하다'라는 오해를 단번에 불식시킨다. 그러나 실제로 뛰어난 경제학자들조차 여전히 이런 착각을 하면서 지폐 옹호를 위한 근거로 사용한다. 그들은 충분한 통화량 증가 없이 경제 성장이 이뤄지면 생산이 정체될 수도 있다고 두려워한다.

하지만 이는 잘못된 생각이다. 통화량 증가가 이루어지지 않은 채 생산량이 증대되면 실제로는 상품 가격이 하락한다. 기업가들에게 이것은 전혀 문제가 되지 않는다. 그들은 더 많은 상품을 생산해 더 많은 사람들에게 판매한다. 가격 하락은 경제 성장의 자연스러운 결과물이며, 또한 생산성 향상을 이용해 대중에게 이익을 가져다주는 민주적인 방식이다. 이런 방식이야말로 진정 정의로운 방식일 것이다. 그런데도 사람들은 가격 하락을 필사적으로 저지하려고 한다. 왜 그럴까?

사람들 사이에 '가격 하락 공포증'이 만연해 있다. 사람들은 가격 하락이 기업에 전혀 문제가 될 이유가 없다는 사실을 간과해 버린다. 기업의 입장에서 결정적으로 중요한 것은 마진, 즉 구입 가격과 판매 가격 간의 격차다. 구입 가격이 판매 가격보다 빠른 속도로 떨어지면, 마진은 오히려 더 커진다. 오늘날 기술 분야에서 흔히 그러하듯이 말이다.

물론 채무자들의 경우에는 예상치 못하게 상품의 가격이 떨어져 버리면 손해를 볼 수도 있고, 또 부채가 과도하면 파산할 수도 있다. 그럼에도 경제 전체의 측면에서 보면 그다지 큰 문제가 아니다. 그저 재분배가 일어날 뿐이다. 가격이 전개되는 추이를 더욱 정확하게 내다본 채권자들은 기업을 인수해 새로운 소유주가 된다. 하지만 이런 자산 교체 현상은 국민경제가 보유한 생산능력을 건드리지는 않는다. 왜냐하면 공장, 도로, 기계 그리고 노동자들은 여전히 그 자리에 있기 때문이다.

그런데 가격 하락 공포증에 사로잡힌 사람들은 이런 상황을 달가워하지 않는다. 그들은 가격 하락은 대재앙이며 해결책을 마련해야 한다고 말한다. 당신은 그 해결책이 무엇인지 이미 짐작했을 것이다. 바로 통화량 확장이다. **통화량이 확장되면 새롭게 만들어진 돈이 내 주머니로 흘러 들어**

온다. 그럼 이어서 경기가 호황을 이룰 것이고, 이때 가격 하락 공포증이 인플레이션을 정당화할 것이다. 근검절약을 하는 사람들과 채권자의 희생을 대가로 채무자들은 이익을 본다. 그리고 새로운 돈을 제일 먼저 손에 넣는 사람이 승자가 된다.

여기서 우리는 인플레이션이 미치는 영향과 마주하게 된다. 당신에게, 그리고 당신의 수입과 재산 측면에서 인플레이션이 의미하는 바는 무엇인가? 인플레이션은 한 사회의 수입 분배와 재산 분배에 어떤 영향을 미치는가? 다른 사람들이 당신을 이용해 점점 더 부유해지는 이유는 무엇이며, 왜 그들만 부자가 되는가? 그렇다. 바로 우리가 쓴 책 제목이다. 이쯤이면 당신도 왜 우리의 책 제목이 이것인지 이해했을 것이다.

부를 얻는 소수의 수혜자들

지금까지의 과정을 통해 당신은 우리의 이야기 속 작은 도시를 훤히 꿰뚫게 되었을 것이다. 이제 다시 그곳으로 돌아가 보자. 작은 도시에서는 실물 화폐 '금'이 더할 나위 없이 훌륭하게 교환 수단으로 유지되고 있다. 우리는 사업가 A가 사업을 올바르게 운영 중이라고 가정하고자 한다. 즉 그가 자신의 금고에 있는 금보다 더 많은 액수의 보관증을 발행하지 않는다는 뜻이다. 국왕 또한 국민들의 막강한 저항에 부딪혀 더 이상 화폐제도에 개입하지 않는다.

금 시굴자들은 매일 금을 찾아 헤매지만, 채굴량은 늘 미미한 수준이다. 채굴할 만한 가치가 있는 금광이 더 이상 존재하지 않는 것 같기도 하다. 그 때문에 통화량이 매우 근소한 규모로 늘어난다. 이 도시의 사람들은 부지런해서 생산되는 재화의 양은 점점 늘어나지만, 통화량은 거의 제자리에 머물러 있다. 그렇게 금의 구매력이 점점 더 높아지고 상품 가격은 하락한다.

도시 사람들 거의 모두가 이런 상황에 만족하고 있으며, 그렇지 않은 사람은 금 시굴자들뿐이다. 그들 중 몇몇은 힘을 합쳐 공동으로 새로운 굴착 기계를 제작하고, 더 깊은 땅속의 암석층을 뚫으려고 노력한다. 그러던 어느 날, 한 시굴자가 단단한 암석에 사용해도 잘 마모되지 않는 특수 강철로 된 뾰족한 첨두를 굴착 기계 앞부분에 장착하자고 제안한다. 얼마 지나지 않아 그들은 첫 번째 테스트 작업에 착수하고 기계는 순조롭게 작동한다.

금 시굴자들은 이제 훨씬 더 깊은 암석층도 뚫을 수 있게 되었다. 그들은 예전 같았으면 뚫지 못했을 심층 지대에서 무수한 금맥을 발견했고, 채굴할 만한 가치가 있다고 판단해 많은 양의 금을 채굴했다. 그렇게 금의 생산량이 과거보다 훨씬 많아졌고, 여전히 전통적인 굴착 기계로 작업하는 다른 동료들의 채굴량과도 비교가 되지 않을 정도였다.

금 세공업자에게 위탁해 채굴한 금을 동전으로 가공한 금 시굴자들은 얼마 전만 하더라도 꿈도 꾸지 못했을 정도로 많은 돈을 갖게 되었다. 그들은 자신들이 만든 새로운 화폐를 사용했고, 금 생산량을 한층 더 늘리기 위해 대규모 투자를 단행했다. 먼저, 또 다른 금광이 존재할 것으로 짐작되는 대규모 토지를 사들였다. 그리고 암석 분쇄기, 광석 운반용 쇠 광주리 같은 기계를 더 많이 구입했으며, 창고를 새로 설치하고 작업장을 확장했다. 커진 규모에 맞게 새로운 광부들도 고용했다. 금 시굴자들은 현명한 사업가들이었다. 이제 그들은 다른 기업의 주식거래에 관여함으로써 다른 업계에도 투자했다. 그 결과 주식시세는 강하게 상승하기 시작했다.

이때 금 시굴자들이 아직 알아차리지 못하고 있는 게 있었으니, 바로 그들이 어마어마한 양의 금을 가지게 됨으로써 다른 사람들의 희생을 대가로 편안한 위치에 오르게 되었다는 사실이다. 처음에 그들은 아직 변하지 않은 시세로 상품을 구입하고 투자할 수 있었다. 왜냐하면 새로 생긴 돈이 그때 '처음으로' 시장에 흘러 들어갔기 때문이다.

어떤 금 시굴자가 새로운 금을 발견하게 되면 그는 새로운 돈을 최초로 손에 넣은 사람으로서 통화량 증대의 수혜자가 된다. 그는 자신이 새로 발견한 금으로 물건들을 이전 가격에 구입할 수 있다. 예를 들어 그가 광산 바로 옆에 있는 단골 술집에서 맥주를 사 마시게 되면 추세적으로 맥주 가격이 상승한다. 통화량 증대의 두 번째 수혜자는 술집 주인이다. 금 시굴자보다는 이익이 조금 적지만 술집 주인도 수입이 증가하는 덕분에 더 많은 돈을 손에 넣을 수 있게 된다. 술집 주인은 그 나름대로 다른 곳에 금을 지출한다. 이를테면 부인에게 장미를 선물하기 위해 금을 사용하고, 꽃집 주인에게 새로운 돈이 흘러 들어가면서 장미 가격이 올라 꽃집 주인도 돈을 번다. 이처럼 국민경제 내부에서 서서히 돈의 분배가 진행되며 상품 가격이 오른다.

한편 금 시굴자, 술집 주인, 꽃집 주인처럼 통화량의 증대로 이익을 보는 사람들이 있는가 하면, 새로운 돈을 뒤늦게 손에 넣는 바람에 불가피하게 손해를 보는 사람들도 있다. 수입이 늘어난다면 다행이지만, 그들은 수입이 미처 늘어나기도 전에 맥주, 꽃, 다른 물건들을 살 때 더 높은 가격을 치러야 한다. 재분배 과정을 구체적으로 설명하자면 이렇다. 금 시굴자들은 지금도 맥주를 마실 수 있지만, 뒤늦게 돈을 손에 넣은 사람들은 과거에는 마실 수 있던 맥주를 이젠 그만 마셔야 한다.

루트비히 폰 미제스는《국민경제》에서 통화량의 변화가 미치는 영향에 관해 이렇게 말했다.

> 화폐의 공급 변화와 수요 변화는 상점 주인들(시장 참여자들)의 재산 상태에 영향을 미친다. 어떤 이는 더 부유해지고, 어떤 이는 더 가난해진다. (…) 인플레이션에 이어 디플레이션이 찾아와 물가가 인플레이션 이전의 수준으로 돌아오게 되었을 때, 사람들은 인플레이션이 미친 사회적 영향을 없애거나 무효로 되돌리지 않았다. 사람들은 그 상황에 디플레이션이 미친 사회적 영향만을 덧붙였을 뿐이다.

작은 도시에서 일어난 사건에서 당신은 어떤 가르침을 얻을 수 있을까? 답은 간단하다. 수입과 재산이 재분배되었다는 사실이다. 금 시굴자들은 더 부유해진 반면, 뒤늦게 돈을 손에 넣은 사람들은 금 시굴자들보다 더 가난해졌다. 물론 두 번째나 세 번째로 돈을 얻은 사람들은 상대적으로 이익을 보겠지만 언젠가부터 추의 움직임이 바뀐다. **통화량 증가의 피해자는 상품 가격이 오르는 속도보다 수입이 늦게 늘어나는 사람들이다.** 그리고 가장 큰 피해를 보는 사람들은 새롭게 만들어진 돈을 제일 늦게 손에 넣는 사람들, 혹은 아예 그 돈을 구경조차 하지 못하는 사람들이다. 그들은 완벽하게 손해를 본다.

그럼 새로운 금맥마저 모두 고갈된다면 어떤 일이 일어날까? 새로운 금이 지금처럼 빠른 속도로 채굴되지 않는다면 어떻게 될까? 통화량 증가를 통해 형성된 경제 구조들이 효력을 잃게 될 것이다. 술집 주인은 다시 매출이 줄어들고, 장미꽃을 팔았던 꽃집 주인 역시 그렇게 될 것이다. 만약 술집 주인이 호황기에 술집의 규모를 확장했다면 이제 술집은 골칫거리가 될 것이다. 금 시굴자들이 더 이상 술집을 찾지 않을 테니 말이다. 새로운 광산 역시 폐허 더미로 남겨질 것이다. 금광이 모두 고갈된 이후의 광산 도시에는 힘겹게 쌓아 올린 구조물들이 투자 실패로 인해 그대로 방치될 것이다.

오늘날 지폐 통화 시스템에서도 이와 비슷한 일들이 벌어지고 있다. 새로운 돈을 만들어 장기적인 수요에 부합하지 않는 구조물을 만드는 일이 성행하고 있다. 이런 구조물들 역시 언젠가는 투자 실패로 간주될 것이다. 부동산 거품이 일어나던 기간에 높이 쌓아 올려진 스페인 대도시 근교의 몇몇 유령도시처럼 말이다. 지폐 생산에 제동이 걸리면 그동안 진행되었던 많은 사업과 시도들은 오직 화폐 생산을 통해 생성된 것들에 불과하게 된다. 또 그로 인해 다른 프로젝트를 추진하는 데 방해가 된 사실이 분명하게 드러난다. 경기순환 이론에 대해서는 다음 장에서 상세하게 설명하겠다.

다시 인플레이션으로 돌아가 보자. 통화량이 증가하거나 팽창할 때면 누가 제일 먼저 새로 만들어진 돈을 손에 넣느냐가 관건이다. 돈을 '가장 먼저 손에 넣는 사람들'이 '나중에 손에 넣는 사람들'에 비해 유리한 고지를 점할 수 있기 때문이다. 당연히 '제일 마지막에 돈을 손에 넣는 사람들'과는 비교할 필요도 없다. 새로운 돈을 최초로 확보하는 사람들은 예전 가격 그대로 물건을 구입할 수 있다. 이어서 돈은 경제학자 라스바드가 《정부는 우리 화폐에 무슨 일을 해왔는가?》에서 설명한 것처럼 국민경제 전체로 '한 걸음씩 단계적으로' 퍼져나가 상품 가격을 끌어올린다. 가장 마지막으로 돈을 손에 넣는 사람들은 이 게임에서 패자가 된다. 그들은 이미 오른 가격으로 물건을 살 수밖에 없고, 따라서 그들이 가진 돈으로 살 수 있는 물건 또한 점점 줄어들 수밖에 없다.

당신이 월급 생활자이거나 연금 수급자라면 패자의 쪽에 서게 될 가능성이 높다. 새롭게 만들어진 돈이 당신에게 도달할 무렵이면 그 돈을 제일 먼저 손에 넣은 사람들은 이미 그 돈을 쓴 상태다. 그들은 부동산을 구입하고 주식에도 투자했다. 이어서 당신의 차례가 돌아올 때쯤이면 당신이 기꺼이 구입하고도 남았을 토지의 가격은 이미 가격이 너무 오른 후다. 한마디로 당신이 몇 년 동안 저축해서 마련한 돈으로는 그 토지를 구입하기에 역부족이다. 신랄하게 표현해 보자면 '당신이 가진 돈에 비해 토지가 너무 커졌다'라고 할 수 있을 것 같다.

이렇듯 나쁜 화폐가 미치는 영향은 심각하고 중대하다. 만약 당신이 토지를 구입하는 대신 주식시장에 투자하기로 결심해도 마찬가지다. 주식시장 역시 '첫 번째 수혜자들'이 이익을 두둑하게 챙기고 하차한 상황일 것이다.

그렇다면 새로운 돈을 가장 먼저 손에 쥐는 첫 번째 수혜자들은 과연 누구일까? 주로 국가, 은행, 그리고 (대)기업 관련자들이다. 그들은 새롭게 만들어진 돈을 당신보다 빨리 가진다. 그리고 재산을 장만하거나 투자할 목적으로 빚을 질 각오가 된 대출자들 역시 당신보다 먼저 새로운 돈을 손에 넣는다.

이런 화폐 시스템 구조에 대해 아무런 책임도 지지 않고 그저 돈만 빌려 가는 사람들의 행동이 잘못되었다거나 나쁘다고 탓할 생각은 없다. 그들은 합리적으로 행동하는 것뿐이다. 그들은 이익을 얻기 위해, 그들의 재산 상태를 개선하기 위해 노력한다. 소비자들이 원하는 제품, 그들이 살 만한 상품과 서비스를 제작하고 준비하는 것은 기업의 과제이며 과제를 수행하기 위해선 개발, 생산, 영업 부문에 대한 지속적인 투자가 요구된다. 그러나 이때 꼭 필요한 자금이 부족한 경우가 다반사인데, 이런 상황에서는 대출이 불가피하다. 만약 어떤 기업가가 정신을 바짝 차리지도 않는 데다가 경쟁력마저 없다면, 계속해서 그런 상태로 머무른다면 그는 자신의 회사와 함께 시장에서 사라지고 말 것이다. 나쁜 화폐는 기업에도 부정적인 영향을 미친다. 이 부분에 대해서는 나중에 다시 이야기하겠다.

누가 벌고, 누가 잃는가

통화량 증가를 통해 야기된 재산의 재분배 효과를 가리켜 '캉티용 효과Cantillon-Effect'라고 부르기도 한다. 이는 아일랜드 은행가 리샤르 캉티용Richard Cantillon, 1680~1734의 이름에서 따온 말이다. 생전에 그는 강력한 통화량 확장이 미치는 영향과 그 작용을 마치 살아 있는 생물을 보듯이 관찰했다. 그때는 스코틀랜드 금융업자 존 로John Law, 1671~1729의 제안에 따라 프랑스의 통화량이 크게 확장된 시기였다. 통화량 확장은 프랑스 미시시피 회사Mississippi Company를 중심으로 한 금융 거품을 초래했다. 당연한 일이지만 이 거품은 화폐가 만들어 낸 모든 거품이 그랬듯 결국 사라지고 말았고, 그와 함께 수많은 투자자가 추락했다. 이후 한동안 '은행'은 '사기'의 동의어로 간주되었다. 프랑스 사람들은 그 후로 수십 년간 존 로의 지폐 실험이 남긴 처참한 결과에 고통받아야 했다.

캉티용과 로가 살았던 시대는 매우 흥미진진했다. 물론 현재도 흥미진진하기는 마찬가지다. 그리고 앞으로 한층 더 흥미진진해질 것이다. '은행'이라는 개념이 그리 머지않은 미래에 다시 과거와 유사하게 부정적인 연상 작용을 불러일으킬 수도 있다.

다시 우리의 주제로 돌아가 보자. 새로 만들어진 돈은 시장 참여자들에게 동시에 도착하지 않는다. 어떤 이들은 한 푼도 손에 넣지 못하기도 한다. 사회 내부에서는 수입과 재산이 강도 높게 재분배된다. 재분배는 대체로 아래쪽에서 위쪽으로 이루어지는 경향이 있다. 월급 생활자들과 연금 수급자들의 주머니에서 국가, 은행, (대)기업, 대형 투자자, 그리고 이미 부유한 사람들의 주머니로 돈이 흘러 들어간다. 왜냐하면 기존에 부동산이나 주식을 보유하던 사람들은 이것을 담보로 다시 대출을 받아 부동산과 주식을 추가로 살 수 있기 때문이다. 그들은 무에서 창출된 새로운 돈으로 좀 더 수월하게 투자에 접근할 수 있다. 그리고 그 결과는 한결같다.

2013년 연방정부가 작성한 〈제4차 빈곤 및 자산 보고서〉에 따르면 하위 50퍼센트에 해당하는 가정이 보유한 자산은 전체 순자산의 1퍼센트에 불과하지만, 상위 10퍼센트에 해당하는 부자들은 전체 순자산의 53퍼센트를 확보한 것으로 나타났다. 즉 가장 부유한 10퍼센트의 부자가 나머지 90퍼센트의 사람들이 보유한 자산을 모두 합친 것보다도 더 많은 자산을 가지고 있다는 것이다. 이 차이는 점점 더 벌어지고 있다. 1998년 이후에는 10퍼센트의 부자가 보유한 자산 비율이 8퍼센트나 증가했다고 한다.

인플레이션은 국민경제 내부에서 불공정한 부의 분배를 초래한다. 당신도 눈치챘겠지만, 우리는 애매모호한 '사회적 정의'라는 개념을 의식적으로 피하고 있다. 사람들은 정의로운 행동이 무엇인지 잘 알고 있다. 남을 속이지 않고, 도둑질하지 않고, 살인하지 않는 것이 옳다는 사실을 잘 알고 있다. 하지만 '사회적으로 정의롭다'라는 표현은 막연한 느낌을 준다. 이 표현은 거의 모든 것을 의미할 수 있다. 그뿐만 아니라 불공정한 무언가를 정당화하기 위해 쓰이기도 한다. 예를 들어 세금을 이용해 합법적인 재산을 박탈하는 경우가 이에 해당한다. 그러므로 사회적으로 정의롭다는 말을 들으면 당신의 지갑에 돈이 제대로 들어 있는지 빠르게 살펴보라.

국가는 화폐 독점 체제의 구축 및 공고화를 통해 슈퍼 리치들에게 유리한 방향으로 부의 재편을 장려하고 있다. 그 밖에 물가가 본격적으로 오르기 전에 국가에게서 두 번째 혹은 세 번째로 새로운 돈을 건네받는 사람들 또한 이익을 본다. 예를 들어 위기에서 구제된 은행들, 지원금을 지급받은 재단이나 보조금을 받은 관련 기업들 즉, 간접적으로 국가에 의존하는 이들이 여기에 해당한다. 열심히 일하면서 알뜰살뜰 절약하는 국민들만이 빈손으로 남겨진다. 이들의 굽은 등 위로 부의 재편이라는 무절제한 술잔치가 벌어진다. 다만 국민들은 이런 상황을 알아차리지 못한다. 정부는 국가의 선전을 통해 조작된 지식을 갖게 된 국민들에게 이렇게 설명한다. 사악한 자본주의는 반사회적인 것이며 따라서 당연히 통제해야 마땅하다고 말이다.

국가에게서 특권을 부여받은 은행 시스템과 국가의 화폐 독점권은 부자들을 더 부유해지게 하고 하위계층과 중위계층을 상대적으로 가난해지도록 만든다. 그러면서 국가는 아이러니하게도 '사회적인 정의'라는 모토를 내세우며 구원자를 자처한다. 마치 불을 지른 방화범에게 자신이 지른 불 위에다 약간의 물을 끼얹을 책임을 주는 것과 같은 형국이다.

강압에 의해 이루어진 부의 재편은 불공정할 뿐만 아니라 사회적인 갈등을 부추기기도 한다. 현대에 들어 사회적 갈등이 존재하는 곳을 들여다보면 어느 곳을 불문하고 분배 다툼이 저변에 깔려 있다. 재분배 과정에서 패배한 사람들은 재분배가 줄어들기를 원하고, 승자들은 재분배가 더 늘어나기를 원한다. 사회적 갈등은 대부분 둘 중 하나다. 가장 흔한 경우는 재분배가 줄어들고 보조금 중독자들이 거리로 몰려 나가는 것이다. 그들이 거리로 나가는 이유는 다양하다. 농업 보조금이나 실업 보조금 축소 때문일 수도 있고, 국립대학 수업료 도입 때문일 수도 있다. 그것도 아니면 그리스처럼 공무원 월급 삭감 때문일 수도 있다. 재분배는 언제나 사회적 갈등의 중심에 있다.

자유시장에서는 이런 일이 벌어지지 않는다. 혹시 애플이 제품 가격을 올리거나 내렸다는 이유로, 혹은 새로운 제품을 도입하거나 애플 직원들이 애타게 바라던 임금 상승을 쟁취하지 못했다는 이유로 베를린에서 대규모 시위가 일어나는 것을 본 적이 있는가? 애플의 전략이 마음에 들지 않으면 그냥 경쟁사로 갈아타면 된다. 자유시장에서는 모든 결정이 자발적으로 내려진다.

하지만 재분배와 강압이 개입되는 바로 그 순간 조화는 중단된다. 화폐 시스템을 통해 진행되는 재분배 역시 갈등을 조장한다. 특히 재분배가 공공연하게 가시화될 때면 더욱 그러하다. 유로 존 구제 정책을 통해 이뤄진 것과 같은 재분배가 대표적인 사례다. 이 사례에서는 독일인들이 가장 큰 패배자다. 그리고 재분배에 중독된 남유럽 사람들은 복지 예산 단축에 저항하면서 거리로 몰려나와 독일인들에게 연대책임을 묻고 있다. 독일인들이 유럽중앙은행의 돈줄을 무한대로 열어놓지 않았기 때문이다. 이처럼 유로 시스템을 통한 재분배는 국가 간의 갈등을 조장하고 유럽의 평화를 위협한다.

이제 우리는 다음 시나리오대로 진행될 경우 금 시굴자들이 채굴한 수많은 금이 작은 도시에서 어떻게 작용하게 될지 살펴보고자 한다. 도시에 사는 몇몇 시민들은 천재들이다. 그들은 다양한 영역에서 최고의 기술적 업적을 이룩

했다. 특히 상품 제작과 물류 부문에서 가장 많은 발전이 이루어졌다. 획기적인 바퀴를 발명해 운송 회사에 적용할 새롭고 유용한 방법들이 많이 개발되었다. 다수의 회사가 새로 개발된 기술을 즉각적으로 도입했고, 이를 통해 도시의 생산성도 획기적으로 향상되었다. 적은 비용을 들여 과거보다 훨씬 더 많은 제품과 서비스를 생산하고 제공할 수 있게 되어 기업의 이익도 많이 늘어났다.

이렇게 되면 많은 노동자가 쓸모없는 신세로 전락해 일자리를 잃게 될 거라고 생각할지도 모른다. 안타깝지만 사실이다. 기업들이 새로운 기술로 생산성을 향상했기 때문에 인간의 노동력이 확연하게 줄어들 것이다. 하지만 그렇다고 해서 새로운 기술을 도입하면 안 되는 것일까? 미안한 말이지만 그건 말도 안 되는 생각이다. 역사상 인류가 이룩한 어마어마한 기술적인 진보를 생각해 보라. 새로운 기술이 도입될 때마다 실직자들이 생겨 그 상태가 계속됐다면 지금쯤 엄청난 규모의 실업자 군단이 생겨났을 것이다. 그러나 달리 생각해 보자. 바퀴가 발명되어 짐꾼들이 필요 없어진 것은 사실이지만, 바퀴는 하늘에서 뚝 떨어지는 것이 아니다. 누군가는 바퀴를 제작해야 한다. 다행스럽게도 그 일을 담당할 사람들이 있으니, 바로 과거의 짐꾼들이다.

인간의 욕망은 끝이 없고 무수한 욕망이 채워지지 못한 채 남겨진다. 그러나 바퀴가 발명되고 짐꾼들이 자유로워지면서 그들은 많은 욕망을 충족시킬 수 있게 되었다. 새로운 기술과 자본의 축적 덕분에 국민경제의 생산성도 증대되기 시작했다.

생산성 향상과 그에 따른 강력한 재화량 증대로(이때 통화량은 아직 그대로다) 도시의 물가가 눈에 띄게 떨어지기 시작했다. 예전엔 돈이 부족해서 구입하지 못했던 물건을 살 수 있게 되었고, 짐꾼으로 일했던 사람들을 중심으로 각종 서비스 사업도 구축되었다. 사람들 스스로 해결해야 했던 일들도 이제는 다른 사람의 힘을 빌려 해결할 수 있게 되었다. 그런가 하면 새로 생겨난 업종에서 일자리를 찾는 짐꾼들도 있다. 그들은 예전엔 일손이 부족해서 대량으로 생산하지 못했던 제품들을 제작한다. 이제 도시 사람들은 과거에 비해 훨씬 더 많은 것들을 할 수 있게 되었다. 바로 물가가 떨어졌기 때문이다. 물가가 떨어진다고? 과연 그런 상황이 상상되는가?

하지만 여기서 잠깐. 물가가 떨어지기 전에 금 시굴자들이 게임에 뛰어든다. 그렇다. 그들은 어마어마한 양의 금을 보유하고 있다. 그 사람들이 없었더라면 얼마나 좋았을까? 이를 현대의 화폐 시스템에 적용해 보면 금 시굴자들은 유럽중앙은행 관계자들에 해당한다. 아무튼 금 시굴자들이 보유한 새로운 돈은 작은 도시로 흘러 들어간다. 그리고 생산성 향상에 따른 물가 하락 효과가 지속적으로 유지되는 것을 막는다. 그렇게 '물가 하락'과 '과거보다 더 많은 것을 할 수 있다'라는 꿈이 끝나 버린다.

금 시굴자들은 새로 만들어진 돈을 제일 먼저 쓸 수 있다는 이점을 이용해 큰 이익을 본다. 그리고 언제나 그렇듯 무지한 사람들은 제일 마지막 차례가 된다. 다만 이번에는 이런 사실이 공공연하게 가시화되지 않을 뿐이다. 물가는 상승하지 않는다. 그러나 재분배는 어김없이 이루어진다.

다시 현실로 돌아오자. 지난 30년 동안 IT 업계 등에서 이루어진 기술적 혁신 또는 중국과 인도의 국제 분업체제 편입을 감안한다면 상품 가격은 30~40퍼센트 혹은 그 이상 떨어져야 했을 것이다. 그러나 상품 가격은 오히려 상승했다. 엄청난 규모의 통화량 증대와 그 배후에 숨겨진 어마어마한 재분배를 상상할 수 있겠는가? 아니, 상상해 볼 의지가 있는가?

유럽중앙은행은 뻔뻔하게도 오래전부터 물가가 거의 안정적으로 유지되고 있다는 주장을 펼치고 있다. 유럽중앙은행이 정기적으로 발표하는 물가 상승률을 보면 몇 년 전부터 물가 상승률이 낮은 수준으로 유지되고 있다(유럽중앙은행은 연간 물가 상승률 2퍼센트까지는 물가가 안정적인 수준으로 유지되고 있는 것으로 본다). 만약 유럽중앙은행이 어마어마한 양의 돈을 만들지 않았더라면 물가는 큰 폭으로 떨어졌을 것이다.

그러므로 원칙대로라면 통화량 확장으로 인해 안타깝게도 떨어지지 않은 물가 비율을 유럽중앙은행이 발표한 물가 상승률에 덧붙여야 마땅하다. 실제적 검증을 거쳐 물가 상승률을 작성한다면 분명 지금보다 훨씬 더 높은 수준을 기록하게 될 것이다. 이렇게 되면 현행 지폐 시스템에 대한 신뢰가 더 빠른 속도로 무너질 수도 있다. 당연하게도 명목화폐 – 부당 수익자들은 이런 사태를 무조건 막으려고 한다. 가혹한 말이지만 기생충이 되면 숙주에게 훨씬 더 많은 것을 얻어낼 수 있는 법이다. 유감스럽게도 현실이 그러하다.

빈부격차의 진정한 주범

우리는 작은 도시에서 펼쳐진 두 가지 시나리오를 약간의 차이점만 제외하고 현행 화폐 시스템에 고스란히 옮겨놓을 수 있다. 중요한 차이가 무엇인지는 분명하다. 작은 도시에서 새로운 돈이 생성되는 방식과 현대에 돈이 생성되는 방식이 다른 게 바로 그 차이점이다. 요컨대 작은 도시에서는 금의 발견을 통해 새로운 돈이 만들어지지만 지금의 새로운 돈은 무에서 만들어진다.

만약 금같이 '현물 화폐 시스템'에서 생활하는 사람들이 금의 유통량이 점점 늘어나 걱정된다면 곧장 다른 현물로 옮겨갈 것이다. 그 현물은 은이 될 수도 있고 백금이 될 수도 있다. 이는 결코 억측이 아니다. 이런 상황에서는 시간이 흐르면서 혹은 자연발생적으로 시장 참여자들이 자발적으로 움직인다. 다시 말해 어떤 경우든 일절 (국가적인) 강압 없이 다른 종류의 교환 수단에 합의하게 된다.

반면 현시대처럼 국가가 화폐 독점 체제를 구축한 상황에서는 안타깝게도 정해진 프로그램에서 빠져나올 수 없다. 발권은행과 시중은행 시스템이 만들어 낸 화폐 공급 과잉 현상이 연이어 국민들을 덮친다. 국민들은 눈물을 머금고 수입과 자산 가치의 지속적인 하락을 받아들일 수밖에 없다.

금화와 지폐 간의 또 다른 중요한 차이점은 인플레이션 가능성과 그 규모다. 금의 양이 대규모로 증가하는 일은 드물다. 16세기 당시 스페인 정복자들이 아메리카 대륙에서 약탈한 금을 구대륙으로 가지고 왔을 때조차 유럽의 통화량이 두 배로 늘어나기까지는 100년이라는 세월이 걸렸다. 금의 양은 오래전부터 거의 변함없이 연간 1~2퍼센트 증가해 왔다. 그러나 화폐 시스템의 상황은 완전히 다르다. 2007년을 예로 들면, M2 통화량이 10퍼센트나 늘어났다. 그 같은 성장률은 7년마다 통화량이 두 배로 늘어난다는 것을 의미한다.

작은 도시에서 통용되는 금과 현재 우리가 사용하는 지폐 사이의 차이점은 또 있다. 작은 도시의 사람들은 누구나 땅을 획득할 권리와 더불어 그 땅에서 금을 캐낼 권리를 보유하고 있다는 점이다. 그러나 지금은 상황이 다르다. 독점 체제가 자리 잡고 있기 때문에 모든 사람이 화폐 인쇄기를 마련해 지폐를 찍을 수 없다. 독점권을 가진 사람들은 노력과 비용을 거의 들일 필요가 없다. 금 시굴자들은 새로운 굴착 기계를 고안하기 위해 노력하고 큰 비용과 높은 위험을 감수해야 했다. 이와 대조적으로 지금은 단추만 누르면 통화량을 10배로 늘릴 수도 있다.

화폐 생산에 따른 특권을 이용하고 싶은 유혹은 거의 불가항력적이다. 통화량 증가율이 높은 것도 바로 그런 이유 때문이다. 컴퓨터 앞에 앉아서 시험해 보라. 먼저 엑셀 데이터를 열고 '내 계좌'를 만든 다음, 유로를 상징하는 기호 앞에 1과 다수의 0을 입력하면 된다. 전혀 어렵지 않은 일이다. 유럽중앙은행은 바로 그런 일을 할 수 있고 실제로도 그렇게 하고 있다. 파산한 국가의 국채를 매입하거나 시중은행에 낮은 이자로 돈을 빌려주기 위해서, 또는 프랑크푸르트에 10억 유로가 넘는 건설비용을 들여 사무용 복합건물을 신축하기 위해서 등 이유는 다양하다.

추가로 만들어진 돈의 작용은 항상 동일하다. 통화량이 확장되어 물가 상승을 유발할 때뿐만 아니라, 새로 돈을 찍어내지 않으면 상품과 서비스 가격이 떨어질 우려가 있는 시기에 통화량 확장이 이뤄질 때도 마찬가지다. 두 경우 모두 사회 내부에서 수입과 자산의 재분배가 이뤄진다. 대체로 아래쪽에서 위쪽으로 재분배되는 경향이 있는데, 이런 식으로 진행된 재분배는 돌이키기 불가능한 영속적인 성격을 띤다.

2000년에서 2012년 사이 유로 존에서 유통되는 M3 통화 총량은 100퍼센트 증가했다. 반면 경제 생산은 15퍼센트 증가하는 데 그쳤다. 100퍼센트라는 숫자 이면에 재분배의 규모를 상상이나 할 수 있겠는가? 어마어마한 규모임은 틀림없다. 경제학자들은 경제 성장에 맞춰 통화량을 유연하게 조절해야 한다고 한다. 그러나 이는 그릇된 생각이다. 이런 견해를 가진 경제학자들조차 경제 성장률을 크게 웃도는 통화량 확장은 틀림없이 거센 저항을 불러일으킬 것으로 예측한다. 그런데 지금까지 그 누구도 항의한 적이 없다.

당신도 우리가 하는 말에 동조할 것이라고 확신한다. **통화량 확장(인플레이션)은 사회의 빈부 격차 확대에 대한 책임이 있다.** 임금만으로 더 이상 먹고살 수 없는 사람들이 점점 더 늘어나는 현실과, 외벌이 수입만으로는 더 이상 가족을 부양할 수 없게 된 현실에 대한 책임이 그것이다. 그러나 발권은행이나 은행 시스템 관계자들에게 이런 말을 듣게 되는 일은 결코 없을 것이다. 정치인들은 더더욱 그렇다.

무에서 만들어진 돈이 자신의 인생에 어떤 영향을 미치는지 사람들이 분명하게 알게 된다면 어떤 일이 일어날까? 국가와 화폐 생산자는 이런 일이 일어나는 걸 원하지 않는다. 사기꾼이 사기를 칠 때 상대방에게 자신이 어떤 속임수를 쓰는지 설명해 주지 않는 것처럼 말이다.

우리가 꼭 알아야 할 돈의 본질

인플레이션은 부의 재분배를 초래한다. 인플레이션은 새로 찍어서 만들어진 돈을 먼저 확보한 사람에게 유리하게 작용한다. 가장 먼저 그 돈을 손에 넣는 사람은 아직 변하지 않은 가격으로 물건을 살 수 있기 때문에 큰 이익을 본다. 반면 새로운 돈을 뒤늦게 손에 넣은 사람들이나 아예 그 돈을 손에 넣을 수 없는 사람들은 피해자가 된다. 그들이 추가 수입을 확보할 시점이 되면 물건과 서비스 가격은 이미 오른 상태다. '최초로 새로운 돈을 손에 넣는 사람들'은 국가 및 은행, 그리고 (대)기업 관련자들이다. '마지막으로 돈을 손에 넣는 사람들'은 봉급 생활자와 연금 수급자들이다. 인플레이션은 빈곤을 야기하면서 은행 시스템과 좋은 관계를 유지하는 슈퍼 리치들을 더 부유하게 만든다. 다수의 희생을 대가로 소수가 이익을 취하는 것이다.

4장

돈의 흐름을
쥐고 있는 자들

사람들이 경기 침체의 해악으로 간주하는 것은

대출 확대를 통해 만들어 낸 가짜 호황기가 남긴 결과물이

가시화된 것이다.

— 루트비히 폰 미제스

빌려주는 자와 빌리는 자

이제 좋은 화폐 시스템과 나쁜 화폐 시스템에서 새로운 돈이 어떻게 만들어지는지, 그리고 누가 이익을 보는지 알게 되었다. 지금부터는 인플레이션, 즉 통화량 확장이 국민경제에 구조적으로 어떤 영향을 미치는지 알아보려고 한다. 특히 그 과정에서 기업 대출에 대해 집중적으로 살펴볼 것이다.

본격적으로 시작하기에 전에 잠시 은행의 존재를 잊고 우리의 작은 도시로 돌아가 보자. 도시에 사는 어부 F는 날마다 그물을 이용해 거대한 호수에서 10킬로그램의 물고기를 잡는다. 어부는 야심 찬 사람이다. 그는 호숫가 근처에선 그물로 물고기를 잡는 데 한계가 있다는 것을 알아차렸고 호수 한가운데로 나가면 더 큰 물고기를 더 많이 잡을 수 있을 거라고 생각했다. 그렇다면 배와 큰 그물을 만들지 않을 이유가 없다. 배와 큰 그물만 있다면 10킬로그램이 아니라 100킬로그램의 생선을 거뜬히 잡을 수 있을지도 모른다.

그러나 문제는 그에게 배도 큰 그물도 없다는 것이다. 어부가 더 많은 물고기를 잡으려면 먼저 쓸 만한 나무를 찾아서 배를 만들어야 하고 그물도 제작해야 한다. 이때 경제학에서는 배와 그물을 자본재라고 부른다. 어부가 배와 그물을 제작하는 데는 6개월이 걸릴 것으로 추정된다. 그런데 여기서 또 문제가 생긴다. 배와 그물을 만드는 6개월 동안 어부는 어떻게 먹고살아야 한단 말인가? 그가 배와 그물을 만드는 데만 몰두하면 매일 10킬로그램의 생선을 잡을 수 없다. 즉 그가 자본재를 제작하는 6개월 동안 누가 그와 그의 부인, 그리고 자식들을 먹여 살릴 것인가? 그럴 사람은 아무도 없다. 그러니 어부는 프로젝트를 시작하기 전에 절약부터 해야 할 것이다. 자신이 잡은 10킬로그램의 물고기 중 일부를 따로 저장해둬야 하고 물고기 10킬로그램을 가족과 함께 모두 먹거나 다른 물건과 교환하면 안 된다.

이제 그는 절약도 하고 소비도 최대한 줄여야 한다. 1년 동안 매일 5킬로그램의 물고기를 저장하거나 (도시에 이미 화폐가 형성되었다고 가정하면) 생선 10킬로그램을 팔아서 번 돈 중에 일부를 따로 저축해야 한다. 배와 그물을 제작하는 동안 가족을 부양할 비축금을 마련할 때까지 그렇게 해야 할 것이다.

그는 소비를 포기하는 한편 실질적인 저축 방안을 구상한다. 대표적으로는 물고기를 가득 저장하거나 금화 주머니를 마련하는 것이다. 이렇게 1년간의 절약 기간과 6개월간의 제작 기간이 지난 후, 그가 배와 그물 제작을 완료하고 나면, 그의 기대가 사실로 입증될 경우 물고기 생산량을 10배나 늘릴 수 있다. 그럼 어부뿐만 아니라 작은 도시 전체가 더 부유해진다. 실물 재화인 생선의 생산이 어마어마하게 늘어났기 때문이다.

위와 같은 가상의 이야기는 실제로 경제 성장의 가장 핵심적인 형태다. 실질적인 저축 증대를 통해 새로운 자본재의 생산이 가능해지고, 새로운 자본재는 다시 재화의 생산 증대와 질적으로 더 높은 가치의 재화를 생산할 수 있게 한다. 이때 필수적인 전제조건은 실질적인 저축 규모가 충분해야 한다는 점이다.

만약 어부가 6개월이라는 제작 기간을 대비해 저축해뒀는데 궂은 날씨 때문에 6개월이 지나도 여전히 배 제작을 마무리하지 못한다면 어떻게 될까? 가족을 먹여 살리는 것이 급선무이기 때문에 자신의 프로젝트를 중단할 수밖에 없을 것이고 때에 따라서는 모든 노력이 허사가 될 수도 있다.

그러나 꼭 어부만 절약할 필요는 없다. 다른 해결책을 찾을 수도 있다. 어부는 돈이든 실물 재화든 자신에게 필요한 대출 자금을 마련해 줄 투자자를 찾아도 된다. 친구나 지인에게 돈을 빌릴 수도 있고 신문에 광고를 내서 행운을 시험해 볼 수도 있다. 그럼 어부가 투자자를 찾기 위한 전제조건은 무엇일까? 당연히 사업계획이다. 현실적이고 성공할 전망이 밝아야 할 것이다. 그 외에 어부가 돈을 빌리려면 다른 두 가지 전제조건이 충족되어야 한다. 우선 누군가가 반드시 돈을 저축해야 한다. 이 말은 누군가가 소비를 포기해야 한다는 의미이고 그 사람은 자신이 벌어들이는 것보다 적게 소비해야 한다는 것이다. 그다음으로는 양측이, 즉 대출자와 대여자가 대출금에 대한 대가로 지급할 이자에 대해 합의해야 한다.

어부가 투자계획을 세우는 시기에 사람들이 대부분 저축을 하거나 경제적 불확실성으로 투자가 상대적으로 적게 이뤄져 대출 수요가 미미하다면 대출 이자는 다소 낮은 수준으로 책정될 것이다. 반면 어부가 대출받으려는 시기가 기업들이 활발하게 투자하고, 대출 수요가 높은 데다 사람들의 저축률이 낮은 때라면 대출 이자는 높아질 것이다.

저축 성향은 시간 선호율rate of time preference로 불리기도 한다. 시간 선호율은 사람들이 미래에 소비를 늘리기 위해 현재 얼마큼 소비를 줄일 준비가 되어 있는지 보여준다. 사회적, 제도적 발전 상태는 이런 저축 성향, 즉 미래에 대한 생각에 체계적으로 영향을 미칠 수 있다. 그뿐만 아니라 화폐 시스템에도 영향을 미칠 수 있다. 이 부분에 대해서는 이후에 좀 더 상세히 살펴볼 것이다.

모든 재화는 나름대로 가격이 있으며 수요와 공급이 이 가격을 결정한다. 대출에도 같은 체계가 적용된다. 이때는 현재의 재화(현재의 화폐 단위)를 미래의 재화(예컨대 1년 후의 화폐 단위)와 맞바꾸는 일이 벌어진다. 돈을 대출할 때는 이 가격이 흔히 퍼센티지로 표현되는데 이를 이자율이라고 부른다. **이자율은 저축 성향, 즉 시간 선호율을 보여준다.** 다시 말해 사람들이 얼마만큼, 그리고 얼마나 오랫동안 절약하고 소비를 포기할 준비가 되어 있는지를 암시적으로 보여준다. 따라서 **이자율은 실제 저축 규모를 간접적으로 보여주는 지표다.**

저축액이 부족해서 실행에 옮기지 못하는 투자 프로젝트는 항상 존재한다. 사람들이 소비를 포기할 생각이 없기 때문이다. 우리의 작은 도시에 형성된 시장 이자율이 20퍼센트라고 가정해 보자. 그런데 어부의 기대 수익률은 15퍼센트에 불과해서 그는 20퍼센트의 이자율을 감당할 수 없다. 그런데 이때 저축액이 늘어나면 이자율은 10퍼센트로 낮아진다. 실제 저축액, 즉 투자 용도로 사용할 수 있는 자금이 늘어났기 때문에 어부는 계획했던 프로젝트와 더불어 또 다른 프로젝트들을 실행에 옮길 수 있다. 반대로 저축액이 줄어들면 이자율이 높아지고 프로젝트도 줄어든다. 이런 이유로 이자율에 대한 영향력 행사와 조작 행위는 매우 큰 파급력을 지닌다. 우리는 조작되지 않은 이자율을 자연 이자율natural interest로 명명하고자 한다.

어부가 자신에게 돈을 빌려줄 사람을 찾아서 여러 조건

에 합의하면 그는 계획했던 프로젝트를 실행에 옮길 수 있다. 어획량, 매출과 관련된 그의 계산에 오류가 생기지 않는다면 그는 이익을 볼 것이고 돈을 빌려준 사람에게 합의한 이자를 지급할 수 있을 것이며, 대출 기간이 끝날 때쯤에 부채를 청산할 수 있을 것이다.

그러나 어부가 투자 수익성을 잘못 평가했다거나 그의 책임과는 무관한 다른 이유로 예상 수익이 빗나가 버린다면 그는 유동성 위기에 봉착할 수도 있다. 영업 지출을 삭감하는 방법을 사용하든, 전혀 예상치 못한 유산에 의지하든, 누군가가 그에게 새로운 대출 수단을 제공하든 간에 위기에서 자력으로 빠져나오지 못한다면 그는 파산하게 될 것이다.

어부가 파산하게 되면 국민경제에 어떤 영향을 끼칠까? 이런 경우 어부는 새로운 방향을 설정해야 한다. 그는 경제적으로 다시 자립해 파산으로 남겨진 빚을 갚아야 하고, 어부의 배 제작을 도와줬거나 생선을 함께 잡았던 직원은 새로운 직장을 구해야 한다. 어부에게 돈을 빌려준 사람은 그 돈을 포기해야 한다. 당연한 말이지만 채권자는 어부의 파산 때문에 자신이 손해 본 금액의 일부를 보상받으려고 할 수 있다.

이 외에 또 다른 일은 일어나지 않는다. 어부가 파산했다고 해서 은행을 구제해야 할 필요도 없고, 뉴스가 끝난 다음 정치인이 특별방송에 출연해 국민들에게 어부를 구제해야 한다고 말할 필요도 없다. 이 시점까지는 아직 은행이 개입되지 않았다. 은행이 있다고 해도 상시 인출이 가능한 고객 예금을 100퍼센트 비축하고 있다면 상황은 달라지지 않는다. 이런 경우에도 미리 저축되어 있는 금액만큼만 투자할 수 있기 때문이다. 고객 예금을 100퍼센트 비축해 둔 은행이 누군가에게 대출해 주기 위해서는, 특정 기간에 자신의 예금 인출을 포기할 준비가 되었다는 사실을 밝힌 고객들이 반드시 존재해야 한다.

은행은 대출 승인 과정에서 궁극적으로 대여자와 대출자 사이를 연결하는 중개인일 뿐이다. 은행은 대출자의 지급 능력을 검토하고 대출자가 부채를 갚지 못할 경우, 자기 자본을 이용해 부채를 변상한다. 이때 은행은 대출자에게 받은 이자와 대여자에게 지급하는 이자 사이에 발생하는 차이를 이용해 이익을 챙긴다. 이런 형태의 대출 승인 과정에서는 통화량이 확장되지 않는다. 예금자가 특정 기간에 소비를 포기하며 은행에 돈을 빌려주고, 은행은 그 돈을 다시 대출자에게 건네준다. 근본적으로 실제 예금과 같은 액수의 금액이 양도되는 것이다.

예금과 대출이자의 불건전함

은행이 신용 대출의 형태로, 다시 말해 고객 예금의 일부만 비축해 두고 나머지 예금은 시장에 대출금으로 제공함으로써 새로운 돈을 생성시킬 때 어떤 일이 일어나는지 고찰해 보고자 한다. 참고로 지금부터 설명할 내용은 모든 종류의 인위적인 대출 확장, 즉 모든 종류의 화폐 창조에 적용되는 사항임을 밝힌다.

은행이 고객 예금에 대한 준비금으로 보유해야 할 금액이 적으면 적을수록 통화량은 더 큰 규모로 확장된다. 전 세계적으로 그러하듯이 이때 발권은행이 '우리가 - 돈을 - 찍어낸다 - 게임'에 참여하면 '화폐 생성 가속 페달'이 제대로 힘을 받는다. 과거를 돌이켜 보자면 2013년 유럽중앙은행이 요구한 고객 예금 최소 준비금은 단 1퍼센트에 불과했고, 기준금리는 역사적 저점인 0.25퍼센트를 기록했다.

화폐가 그 어떤 것과도 결합되어 있지 않은 오늘날 화폐 시스템에서는 어느 때이든 통화량이 무제한 확장될 수 있다. 그런데 시중은행들과 발권은행은 조심스러운 행보를 취하고 있다. 왜냐하면 화폐 생산을 극단적인 수준까지 밀어붙여선 안 된다는 것을 잘 알고 있기 때문이다. 미제스는 《국민경제》에서 이런 상황을 매우 정확하게 표현했다. "돈이 하나의 재산으로 남아 있으려면 통화량이 빠른 속도로 끝없이 늘어날 것이라는 예측을 대중들이 믿어서는 안 된다"라고.

이때 시중은행들과 발권은행은 줄타기 곡예를 벌인다. 가능한 한 많은 돈을 만들어 이익을 최대화하되 상품 가격이 지나치게 빠른 속도로 상승하지 않을 만큼, 또 화폐의 구매력이 지나치게 빠른 속도로 감소하지 않을 만큼만, 꼭 그만큼의 돈을 만들어 낸다. 그렇게 하지 않으면 사람들이 화폐에 대한 신뢰를 잃어버릴 위험성이 있기 때문이다.

건강한 화폐 시스템과 달리 부분준비금 시스템에서는 대출 자금이 시장으로 흘러 들어간다. 시중은행들이 국가의 허락 아래 무에서 돈을 만들어 내도 되기 때문이다. 은행은 보관증을 인쇄해 어부에게 빌려주기만 하면 된다. 어부는 보관증으로 자신의 프로젝트를 진행할 자금을 마련한다. 이 지점에서 엄청나게 중요한 차이점을 찾아볼 수 있다. 여기서는 누구도 소비를 포기하지 않는다. 그리고 투자자 중에서 은행을 상대로 특정 기간 자신의 예금을 포기하겠다고 명시적으로 밝히는 사람도 없다. 상황은 오히려 반대다. 투자자들은 단기간 안에 혹은 시간이 조금 흐른 후에 스스로 소비재를 구입하기 위해 자신들의 예금을 언제든지 사용할 수 있는 권리를 보유하려고 한다. 이는 소비를 포기하는 것과 정반대되는 행동이다.

어부와 그의 가족이 배와 그물을 제작하는 동안 생계를 유지하는 데 쓰일 자금을 마련하기 위해 절약하는 사람은 아무도 없다. 그러나 어부에게 보관증은 그 반대의 경우를 암시한다. 그는 자신의 프로젝트를 완수하는 데 쓰일 실질적인 자금이 충분하다고 믿는다.

그럼 돈을 만들어 내는 행위는 일반적인 이자 수준, 즉 돈을 빌리는 대가로 지불해야 하는 비용에 어떤 영향을 미칠까? 돈을 만들어 내면 더 많은 액수의 대출 자금이 제공될 수 있다. 따라서 이 경우에는 저축액이 더 늘어나지 않았는데도 돈을 만드는 행위를 통해 이자 수준이 낮아진다. 이때 이자 수준은 무에서 돈이 만들어지지 않았을 때 시장에서 형성되는 이자 수준보다 더 낮다. 거의 인위적으로 낮춰지는 것이다. 이는 언뜻 보기엔 거의 알아차릴 수 없지만 실질적으로 매우 광범위한 결과를 초래한다. 이런 종류의 이자는 더 이상 자연적인 이자가 아니다. 오히려 인위적인 이자나 조작된 이자라고 불러야 마땅하다.

어부의 입장에서 생각해 보자. 계획해 둔 투자를 실행에 옮기려면 어부는 대출 자금이 필요하다. 그의 계산에 따르면 그가 지급할 수 있는 이자율은 최대 15퍼센트다. 하지만 실제 이자율은 20퍼센트 정도다. 이 말은 그가 대출자 대상이 될 수 없다는 것을 의미한다. 통화량이 조작적인 방식을 통해 확대될 수 없는 시스템에서는 어부 스스로 저축하거나 다른 시장 참여자들이 돈을 더 많이 저축할 때까지 기다려야 한다. 저축액이 늘어나면 그제야 비로소 이자율이 낮아질 가능성이 높기 때문에, 어부는 이자율이 낮아지기 전까지 계획한 프로젝트를 실행에 옮기지 못한다.

그러나 무에서 돈이 만들어지면 저축액이 늘어났을 때와 같은 효과가 나타난다. 마치 누군가가 돈을 저축하기라도 한 것처럼 이자율이 낮아진다. 당연히 어부는 이자 추이를 지켜보고 있다. 그러던 중 그에게 이자율 10퍼센트로 대출해 주겠다는 제의가 들어온다. 그는 제의를 받아들이고 투자를 한다. 다른 사람들이 먼저 저축하지 않았거나 무에서 돈이 만들어지지 않았더라면 시작할 수 없었을 투자 활동에 뛰어드는 것이다. 사실 어부는 자신에게 제공된 대출 자금이 실제 예금에서 비롯된 것인지 아니면 그냥 무에서 만들어진 것인지 알 도리가 없다. 그는 어부일 뿐 천리안을 갖춘 예언자가 아니니 말이다.

미지의 지역을 여행하며 지도 한 장 없이 나침반 하나에 의지해 방향을 찾아본 경험이 있는가? 나침반 바늘은 길을 잃었을 때 어느 방향으로 움직여야 할지 알려주는 신뢰도 높은 지표다. 기업 활동에서는 '이자'가 나침반 바늘과 같은 역할을 한다. 그러나 조작된 이자가 아닌 오직 자연적인 이자만이 나침반 역할을 수행할 수 있다. 조작으로 낮아진 이자는 자석 때문에 혼란을 일으킨 나침반 바늘에 비유할 수 있다. 이런 혼란은 투자를 원하는 기업가들에게 사람들이 충분히 저축을 해두었을 것이라는 잘못된 신호를 보낸다. 그래서 실제로 감당할 수 있는 것보다 더 많은 투자를 하게 만든다.

모든 프로젝트를 끝까지 완수할 수 없는 이유는 생산수단과 자원이 부족하기 때문이다. 결론적으로 수익 창출이 가능한 투자의 규모는 실질적인 저축의 규모를 통해 제한된다. 무에서 만들어진 돈은 알다시피 실질적인 자금을 새롭게 만드는 것이 아니다. 실제 저축액이 없으면 어부는 그의 가족을 부양하지 못하고 그 때문에 배와 그물 제작도 중단할 수밖에 없다. 새로 찍어 낸 보관증으로는 먹고살 수 없다. 먹고살 수 있다고 하더라도 배불리 먹을 수는 없다.

이런 상황을 두고 미제스는《국민경제》에서 다음과 같이 설명한다.

> 사람들은 제한된 건축 자재와 노동력으로 건물을 세우려는 것으로도 모자라 그 와중에 계산까지 잘못한 건축가처럼 행동한다. 그들은 기초 공사를 과하게 대규모로 계획하는 바람에 가용할 수 있는 모든 생산수단을 기초 공사에 모조리 써 버린다. 이렇게 되면 더 이상 건축을 할 수가 없다. (…) 사용할 수 있는 재료를 잘못 사용해 버렸기 때문이다.

재료를 잘못 사용했다고 언급한 마지막 문장을 통해 미

제스는 매우 중요한 측면을 지적하고 있다. 자원과 생산수단은 항상 빠듯하고 부족하다. 부족함이 없다면 우리는 절약할 필요도 없을 것이고, 수익성을 계산할 필요도 없을 것이며, 모든 상황이 천국 같을 것이다. 지금 이 세상이 천국 같은가? 우리는 그렇게 생각하지 않는다. 그 때문에 생산수단과 자원을 올바르게 사용하고 최적의 상태로 적재적소에 투입해 낭비하지 않는 것이 중요하다. 낭비는 모두를 더 가난하게 만들기 때문이다.

그런데 실질적인 저축이 뒷받침되지 않은 새로운 대출금이 기업가들에게 흘러 들어간다면 어떤 일이 일어날까? **인위적인 통화량 확장은 제일 먼저 인위적인 경제 호황을 유발할 것이다.**

인위적으로 경제 호황이 유발되면, 노동력과 원자재에 대한 수요가 증가한다. 그로 인해 임금이 상승하고 원자재 가격도 상승한다. 소비재 상품 가격도 올라간다. 임금이 상승해서 노동자들이 예전보다 더 많은 것을 살 수 있는 경제적 여유가 생겼기 때문이다. 기업가들은 그들이 제작한 상품 가격이 올라갔기 때문에 그들의 투자가 옳았다는 사실이 증명되었다고 생각한다. 그들은 생산량을 더욱 늘리게 되고, 지금까지 주저하던 다른 기업가들도 투자에 뛰어들게 된다. 후발 주자인 기업가도 케이크 한 조각을 베어 물고 싶은 것이다.

투자 계획은 점점 더 대담해진다. 노동자들은 초과근무로 육체적인 한계에 다다른다. 그들의 임금은 계속해서 상승하고, 대출 수요도 함께 늘어난다. 노동자들의 임금이 계속해서 인상되는 데다 이자 수준도 아주 낮기 때문에 노동자들도 대출을 받기 시작한다. 누군가는 집을 장만하기 위해서 대출받고, 누군가는 새로운 자동차를 사고 싶어서 돈을 빌린다. 임금, 부동산 가격, 주식 등 모든 것이 상승하고 사람들은 만족해한다. 노력하지 않아도, 저축하지 않아도, 소비를 포기하지 않아도 모두가 점점 더 부유해질 수 있는 것처럼 보인다. 이제 은행들은 점점 늘어나는 대출 수요를 감지하게 되고 그 결과, 대출 이자가 다시 올라간다.

그럼 인위적으로 낮아진 이자 때문에 수익성이 있었던 투자의 경우 다시 이자율이 상승하면 어떤 일이 벌어질까? 당연히 수익성이 사라져 버린다. 그렇게 점차 경기 호황이 중단될 수밖에 없다. 발권은행도 경기 냉각에 일정 부분 기여한다. 모든 상품 가격이 상승한다. 그런데 물가를 안정적으로 유지하는 것은 유럽중앙은행의 과제 중 하나다. 그래서 유럽중앙은행은 대출을 줄이고 경기를 냉각시킬 목적으로 기준금리를 올린 다음, 은행 시스템의 유동성 공급을 축소한다.

이런 상황에서 사람들이 꼭 필요한 조정을 허용하기만 한다면 큰 문제는 없을 것이다. 매정하게 들릴 수도 있겠지만 인위적으로 낮게 조작된 이자 때문에 수익성이 생긴 기업이라면 그대로 파산하도록 내버려둬야 하지 않을까? 이 기업들은 사회가 보유한 빠듯한 자원을 낭비하고 있는 셈이다. 당신도 점점 더 가난해지기를 원하지는 않을 것이다. 앞서 말한 "무'에서 '돈'을 만들어 그 돈으로 '복지'를 창출한다'라는 모델을 기억하는가? 여기에 문제의 핵심이 있다. 이 모델은 제대로 굴러갈 수 없다.

다만 정치인 대다수는 이런 사실을 아직 이해하지 못하고 있다. 그들은 여전히 과장된 몸짓으로 경제 활성화에 관한 거창한 말들을 쏟아낸다. 이어서 투자를 위한 대출금이 제공되는데, 이 돈도 무에서 만들어진다. 이 대목에서는 국가도 어김없이 개입한다. "우리는 거리를 망가뜨리는 낡은 자동차들을 모조리 폐차시켜도 될 것이다. 모두가 보너스

를 지급받게 될 것이다. 새 냉장고를 사는 사람들 또한 최고
의 보너스를 지급받게 될 것이며 우리는 그것을 이산화탄
소 방지 보너스로 명명한다. 그리고 친애하는 발권은행 총
재님, 뭔가 조치를 취해주십시오. 부디 금리를 낮춰 시중은
행들이 다시 저렴하게 대출을 제공할 수 있도록 해주십시
오." 이런 말들은 모두 어쩐지 익숙하게 들린다. 그렇지 않
은가?

금리가 계속 곤두박질을 칠수록 국민경제는 마약 없이는
하루도 견디지 못하는 마약 중독자처럼 값싼 돈에 중독되
어 버린다. 2008년 9월, 리먼 브라더스Lehman Brothers가 파산
하자 전 세계 국가들과 발권은행들은 '영구적으로 낮은 금
리 및 구제 모드'에 들어갔다. 이후 파산 위협에 다다른 모
든 은행과 국가를 대상으로 어떤 대가를 치르더라도 상관
없이 구제 작업이 진행되었다. 여기서 '어떤 대가를 치르더
라도'라는 말은 우리가 지어낸 게 아니라, 슈퍼마리오라고
불린 유럽중앙은행 총재 마리오 드라기Mario Draghi가 유로화
의 미래에 대한 질문을 받았을 때 유로화 구제와 관련해 언
급한 것이다.

정치인들은 절박한 위험을 인지하고 있다. 위기에 처한

대상이 무엇인지 알고 있으며, 금리가 상승하고 불가피한 조정 과정이 시작되면 무슨 일이 일어날지도 정확하게 알고 있다. 이른바 그들이 말하는 구제 조치는 시간만 벌 수 있을 뿐, 상황이 개선되지 않는다. 오히려 그 반대의 상황이 일어날 가능성이 높다. 정치인들이 시간을 벌면 우선 정치인들 자신에게 유익하게 작용할 것이다. 정치인은 대부분 한두 번의 국회 임기를 마치거나 장관, 차관 혹은 그 외의 공직을 거치면 연금을 보장받을 수 있다. 당신은 평생 일을 해야 받을 수 있는 연금 말이다.

속임수에 넘어가지 말라. 특히 정치인들과 전문가들의 속임수에 넘어가지 말라. 돈이 점점 더 많아진다고 해서 국민경제가 더 부유해지는 것은 아니다. 무엇보다 저축이 선행되어야 한다. 그래야 자본재와 소비재가 생산될 수 있고 비로소 사회가 더 부유해질 수 있다.

거품이 꺼지면 반드시 불황이 온다

그럼 지금까지 이야기한 불가피한 조정 절차가 어떤 모양새를 취하고 있는지 정확하게 살펴보자. 먼저, 금리가 상승한다. 기업가들이 미친 듯이 새로운 프로젝트를 시작하며 노동자들을 차지하기 위해 경쟁을 벌일 것이기 때문에 임금 등 각종 비용도 치솟는다. 앞서 사례로 든 어부를 생각해 보라. 배를 만들 때 쓸 목재의 가격이 크게 오르고 조수는 어부에게 더 많은 임금을 요구한다. 누군가 조수에게 더 큰 돈벌이가 되는 다른 일자리를 제안했기 때문이다. 어부의 가족 부양비도 점점 더 늘어난다. 소비재 가격이 덩달아 상승했기 때문이다. 소비재의 가격이 오른 이유는 한편으론 노동자들의 수입이 늘었기 때문이고, 다른 한편으론 소비재 생산이 살짝 줄어들었기 때문이다. 현재 어부는 생선을 잡는 대신 배를 제작하는 중이다. 배를 만드는 동안 어획량은 줄어들고 생선 가격은 올라간다. 물론 생선을 많이 비축해 두었다면 상황은 달라지겠지만 말이다.

그러나 작은 도시의 경우는 그렇지 않았다. 사람들은 시장에 뿌릴 생선을 미리 비축해 두지 않았고 그저 화폐 생산만 늘었을 뿐이다. 사람들은 배가 완성될 때까지 기다릴 준비가 되지 않았고 당장 오늘 더 많은 생선을 사길 원했다. 점점 어부에게 가해지는 압력이 커지고 이자와 각종 비용이 그의 목을 조르게 되었다. 난관에 봉착한 어부는 호숫가에서 낚시하는 것만으로도 큰 이익을 얻을 수 있다고 생각하게 된다. 결국 그는 프로젝트를 중단했고 배와 그물이 미완성 상태로 남겨진 채 썩어 들어갔다. 그렇게 사회에 존재하는 빠듯한 저축액이 낭비되었다.

현대의 국민경제에서 이뤄지는 인위적인 경기 호황은 이런 식으로 난항을 겪다가 결국 불황으로 뒤바뀐다. 금리 상승은 새로운 투자를 위한 대출을 주저하게 만들고 불황을 한층 더 심화시키는 데다 경제 성장을 무너뜨리는 결과를 초래한다. 그 외에 특히 심각한 문제는, 인위적으로 금리를 끌어내린 상황에서만 수익성을 창출할 수 있던 투자 중 많은 부분이 금리가 오르면서 더 이상 수익을 창출하지 못하는 현상이 나타난다는 것이다. 이에 따라 기업들이 도산하고 노동자들은 직장을 잃게 되며 그나마 남은 사람들의 임금이 삭감된다. 이어서 소비가 붕괴되고 상품 가격이 하락할 위기에 처한다. 호황기에 제공받은 대출금 상환도 더 이상 불가능해지면서 심각한 결과를 낳는다. 대출 승인을 통해 확장되었던 통화량이 필연적으로 다시 줄어들 수밖에 없는 위험한 상황이 펼쳐지는 것이다.

은행들은 각종 청구권을 포기할 수밖에 없다. 이런 현실은 은행 대차대조표에 구멍을 남기게 되는데 이 구멍은 국민의 세금으로 메울 수밖에 없다. 당연히 이런 일은 당신이 알아차리지 못하게 혹은 늦게 알아차리도록 능수능란하게 처리된다. 한편으로는 새로운 부채가 만들어지기도 하는데 역시 당신은 처음엔 감지하지 못하지만, 당신이 가진 돈으로 살 수 있는 것들이 점점 줄어들면서 언젠가 알아차리게 된다. 예를 들어 가계를 꾸려나갈 비용이 충분하지 않을 때, 임금이나 연금이 너무 적어질 때면 비로소 이런 사실들을 감지하게 된다.

하지만 기만적인 경제 호황이 종식되고 상황이 조정되기에 이르렀기 때문에 조정 절차의 도입은 긍정적인 일로 평가되어야 한다. 빠듯한 생산수단과 자원은 마침내 가장 효율적으로 사용되고 더 이상 수익성이 없는 프로젝트에 묶여 낭비되는 일이 일어나지 않게 된다. 불황기에 접어들면 일부 노동자들의 수입이 줄어들 수밖에 없겠지만 좀 더 자세히 관찰하면 문제가 되지 않는다. 궁극적으로 수요가 줄어들면서 소비재 가격 또한 떨어져 사람들이 줄어든 임금으로 과거와 똑같은 양의 상품을 구입할 수 있기 때문이다.

여기서 잠깐 제동을 걸겠다. 우리는 아직 발권은행을 계산에 넣지 않았다. 그곳에서 일하는 사람들은 가격 하락에 대해 유달리 알레르기 반응을 보인다. 그리하여 금리가 또 하락하고 은행 시스템에 다시, 그것도 한층 더 많은 유동성이 공급되어 대출사업이 활황을 이룬다.

그럼 조정 절차를 허용하지 않는 이유와 가격 하락을 내버려두지 않는 이유는 무엇일까? 단순하다. 순수한 화폐 시스템에서는 가격 하락이 디플레이션의 악순환을 작동시킬 것이고, 디플레이션은 과거에 인위적인 대출 확대를 통해 이뤄졌던 투자들이 실제로는 수익성이 전혀 없다는 사실을 서서히 폭로하게 될 것이기 때문이다.

지난 수십 년 동안 이미 우리는 인위적인 경제 호황과 침체를 경험했다. 수익성이 없는 수많은 투자들의 실체가 폭로되면 어떤 결과가 초래될지 아무도 예측할 수 없다. 물가가 점점 하락할수록 이자를 갚기가 점점 더 힘들어지기 때문에 많은 부채를 떠안은 기업과 개인은 큰 어려움에 부닥치게 될 것이다. 부채가 많은 기업과 개인이 대규모로 파산하면 국민경제의 최대 채무자인 국가도 무사하긴 어렵다. 채무자들이 부채를 상환하지 않으면 은행 시스템도 결국 붕괴될 것이다.

이런 상황에 다다르면 정치는 할 말이 없어지고 정부도 실각하고 말 것이다. 이후에는 어떤 일이 벌어질까? 호황기가 무에서 만들어진 돈으로 조성되었다는 사실을 모르는 대부분의 사람은 목소리를 높여 정치인들과 발권은행의 개입을 요구할 것이다. 악순환이 아닐 수 없다. 사람들 대부분이 인플레이션을 통해 자산을 도둑맞는다는 사실을 생각한다면, 이런 구조 요청은 상대가 그 강도인지도 모른 채 그에게 우리 집에 침입한 도둑을 잡아달라고 요청하는 것과 다를 바 없다.

인위적인 경기 호황이 오면 반드시 경기 불황이 뒤따라오기 마련이고, 불황이 닥치면 호황기에 잘못된 투자로 인해 발생한 손해가 가시화된다. 어부가 포기한 썩어가는 배는 그릇된 자원 투자를 의미한다. 잘못된 투자는 자원을 낭비시켜 더 이상 다른 프로젝트를 진행할 수 없게 만든다. 이렇듯 국민경제의 생산성을 결정하는 자본재가 손상되면 우리는 더 가난해진다.

인위적으로 조성된 경기변동과 무절제한 구제 정책이 안고 있는 문제점은 그것이 한 사회의 수입 구조와 자산 구조를 변화시킨다는 데 있다. 앞서 말했듯 이런 변화는 돌이킬 수 없다. 구매력과 자산이 아래쪽에서 위쪽으로 이동한다. 이는 많은 사람을 희생시켜 소수가 이익을 보는 구조라는 의미이며, 가난한 사람들은 더 가난해지고 부자들은 더 부유해진다는 뜻이다.

앞서 인플레이션이 미치는 영향에 대해 설명했다. 좀 더 자세히 관찰하면 화폐 시스템이 자체적으로 자기 파괴적인 성향을 보인다는 것을 확인할 수 있다. 과거 호황기에 이뤄진 그릇된 투자의 정체가 폭로되는 사태를 막기 위해서는 금리를 점점 더 아래로 끌어내려야 한다.

어쩌면 이런 의문을 제기할지도 모르겠다. 만약 발권은 행들이 기준금리를 아예 올리지 않고, 아주 미세한 위기의 조짐만 있어도 금리를 인하하거나 영원히 0퍼센트로 설정한다면 어떤 일이 일어날까? 이렇게 되면 조정 절차가 무리 없이 진행되고 경제 호황이 계속될 수 있지 않을까? 이자 한 푼 내지 않고 대출받을 수 있다면 우리의 어부도 큰 도움을 받을 수 있지 않을까?

과연 그럴까? 어쩌면 어부는 0퍼센트의 금리 덕에 오랫동안 버티면서 자신의 프로젝트를 고집할 수 있을지도 모른다. 그렇지만 무이자 화폐 생산으로 인해 그가 부담해야 할 비용은 점점 더 빠른 속도로 늘어날 것이다. 제아무리 금리가 0퍼센트라도 그걸로 실물 재화를 만들어 낼 수 없다는 뜻이다. 오히려 새로운 거품과 추가적인 투자 실패로 귀결될 것이다.

무이자 대출은 자원의 결핍 지점을 다른 곳으로 이동시킬 뿐이다. 다른 프로젝트에 투입되어야 할 자원을 어부가 가로챘기 때문이다. 궁극적으로 우리가 명심해야 할 점은 매우 광범위한 투자 프로젝트들이 이미 시작되었다는 사실, 그리고 실질적인 저축이 충분하게 존재하지 않는다는 사실이다.

결론적으로, 계속해서 무이자로 새로운 돈을 생산한다 해도 자원 결핍 사태를 해결할 수는 없다. 또한 계속 이런 식으로 나가면 너무 많은 돈이 만들어지고 시스템 내부에 많은 부채가 쌓여 사람들이 화폐에 대한 신뢰를 잃게 될 것이다. 그럼 가뜩이나 나쁜 화폐가 더 이상 교환 수단으로서 제 기능을 발휘할 수 없는 사태가 발생할 것이다. 물론 이런 사태가 발생하기 전에 정치인들이 모종의 계획을 세우고 실행에 옮겨 다른 방식으로 부채를 줄일지도 모른다. 그러나 화폐 개혁, 부채 삭감, 자본 과세 등과 같은 다른 방법 또한 고통스럽기는 마찬가지다. 이 부분에 대해서는 8장에서 좀 더 자세히 살펴볼 것이다.

어쨌든 언젠가는 화폐에 대한 신뢰가 무너질 가능성이 높다. 그러나 경제 전문가들은 경제를 고찰하는 과정에서 이런 사실을 완전히 무시하고 감춘다. 당신도 들어봤을 것이다. "우리는 가벼운 경기 회복을 기대합니다. 현재로서는 인플레이션의 위험성은 보이지 않습니다"라고 말하는 전문가들의 이야기를 말이다.

만약 당신이 가진 돈의 구매력이 점점 더 빠른 속도로 줄어들 위험에 처해있다는 사실을 알아차리게 된다면 당신은 어떻게 하겠는가? 돈을 다 써서 없애려고 할 것이다. 다른 사람들도 마찬가지다. 어쩌면 수백만, 수천만 사람들 모두 동시에 그렇게 하려고 시도할 것이다. 이런 식으로 돈에 대한 수요가 격감하고 물적 재화에 대한 수요가 폭발적으로 증가한다면, 대부분의 사람이 상상하는 것보다 훨씬 더 빠른 속도로 가격이 상승할 것이다. 물건 가격이 올라가면 발권은행은 물가를 안정적으로 유지해야 한다. 그렇다. 금리를 인상해야 한다. 그렇다면 다시 질문을 던져보겠다. 과거와 다름없이 막대한 부채가 존재하는 화폐 시스템에서 금리를 인상하는 것이 과연 가능한 일일까?

대답 대신 우리는 다시 경제학자 루트비히 폰 미제스의 말을 인용하고자 한다. 그는 1931년에 아래의 논문에서 이렇게 말했다.

조만간 경기 호황이 사상누각에 불과하다는 사실이 반드시 드러나게 될 것이다. 화폐의 추가 생성을 통한 대출 확대는 조만간 중단될 수밖에 없기 때문이다. 은행들은 그들이 자발적으로 원하든, 외부 압박에 의해 불가피하게 그렇게 할 수밖에 없든 이 정책을 끝없이 이어갈 수 없다. 통화량의 지속적인 확대는 가격의 지속적인 상승으로 귀결된다.

그러나 인플레이션은 가까운 미래에 중단될 것이라는 의견이 형성된 경우에만 진행될 수 있다. 만에 하나 인플레이션이 중단되지 않을 것이라는 확신이 자리를 잡으면 공황 상태가 발생한다. 대중은 현금과 물건을 평가할 때 향후 예상되는 가격 인상을 미리 계산에 넣는다. 그 결과 가격이 급격하게 치솟는다. 그들은 통화량의 증대로 인해 가치가 손상당한 화폐를 더 이상 쓰지 않고 외국 화폐와 귀금속, 유형자산, 물물교환으로 도피한다. 한마디로 화폐가치가 붕괴되는 것이다.

오스트리아 국민경제학파 소속 경제학자들, 그중에서도 특히 루트비히 폰 미제스는 20세기 전반기에 이미 대출 확장이 야기하는 사건들을 상세하게 설명했다. 심지어 미제스의 제자 프리드리히 하이에크는 1974년에《오스트리아 화폐 이론 및 경기순환 이론》으로 노벨 경제학상을 받기도 했다.

이쯤에서 중요한 상을 받은 사람의 연구가 각국 정부와 정치 결정권자들에게 주목받지 못했던 이유, 그리고 지금도 여전히 주목받지 못하는 이유가 무엇인지 궁금할 것이다. 이 의문점에 대해서는 9장에서 다시 다루겠다.

우리가 꼭 알아야 할 돈의 본질

대출 확장을 통한 화폐 생성은 기만적인 경기 호황을 불러온다. 각종 투자가 수익성이 있는 것처럼 보이는 이유는 돈이 무에서 창조되고 금리가 인위적으로 인하되었기 때문이다. 그러나 새로운 투자 프로젝트를 성공적으로 마무리하기 위해 필요한 실질적인 자본은 결여되어 있다. 비용과 금리가 상승하면 그릇된 투자의 실체가 폭로되고 만다. 결국 조정 과정이 불가피하지만 정치인들은 이를 원하지 않는다. 그들은 계속 금리 인하 조치를 취함으로써 조정을 저지한다.

그릇된 투자는 사회를 더욱 가난하게 한다. 자본재는 가치를 상실하고 때에 따라 실업률이 높아질 수도 있다. 통화량 확장을 통해 수입과 재산이 재분배된다. 일반적으로 임금 수준이 낮은 층에서 높은 층으로 재분배가 이뤄지며 가난한 사람들은 더 가난해지고 부유한 사람들은 더 부유해진다.

애초부터 화폐 시스템은 파괴의 싹을 가지고 있다. 지속적인 금리 인하와 강도를 더해가는 통화량 확장의 길이 앞으로도 계속 이어진다면, 사람들은 결국 화폐에 대한 신뢰를 잃고 말 것이다. 이 길의 끝에는 화폐 시스템의 불가피한 붕괴가 기다리고 있다.

5장

그들은 어떻게
돈을 빼앗는가

돈을 찍어 내는 중앙은행의 무제한적 권력 덕분에 각 국가는 더 큰 부채의 산을 쌓게 되었다. 예전 같으면 자금을 충당할 수 없어서 포기했을 전쟁도 일으키게 되었으며, 다른 때라면 생각지도 못했을 많은 프로젝트를 도입하고 각종 모험에 뛰어들 수 있게 되었다.

— 한스-헤르만 호페

권력을 유지하기 위한 무기

전 세계적으로 이뤄지는 정치 활동을 살펴보면 중요한 건 한 가지뿐이라는 인상을 받게 된다. 바로 '권력'이다. 일단 권력을 손에 넣은 사람은 계속 유지하려고 하며 다른 사람들은 권력을 손에 넣기 위해 노력한다. 2012년에 작고한 경제학자 롤란트 바더도 우리와 대화를 나누며 "권력을 행사하는 데는 두 가지 방법이 있습니다. 검을 이용해 권력을 행사하거나, 빵과 게임이라는 복지국가의 현대적 버전을 이용해 권력을 행사하는 것이죠"라고 말했다.

당신이 국가라고 가정해 보자. 당신은 권력을 독점하고

있고 모든 갈등을 당신에게 유리한 방향으로 판결하고 결정할 수 있다. 특정한 행동 방식을 지시하거나 금지하는 데 권력을 행사할 수도 있다. 세금을 징수하는 것도 당신 권한이다. 다른 사람들의 재산을 아무런 보상도 없이 빼앗을 수도 있다. 마치 톨킨의 절대반지를 소유하고 있는 듯한 형국이다. 그야말로 편리한 상황이 아닐 수 없다. 이제 당신은 권력을 공고히 하려고 시도할 것이다. 전략적으로 중요한 부문들을 당신의 통제 속에 둘 것이다. 경찰, 사법권, 군대, 통신, 운송, 에너지, 언론 그리고 당연히 교육도 여기에 해당한다.

수적으로 따지면 국민이 당신보다 훨씬 우세하다. 그래서 당신에게는 최소한 그들의 암묵적인 지원이 필요하다. 무력만으로는 당신의 특권을 영구적으로 누릴 수 없기 때문에 당신은 당신의 지배를 정당화할 논리와 이론을 생각할 수도 있다. '왕권신수설' 같은 정치적 이념을 고안해 군주로 자리 잡거나 '국민주권' 이론을 발전시켜 모든 국민에게 국가기관에 진입할 수 있는 통로를 활짝 열어줄 것이다.

당신은 특정 그룹을 당신에게 종속시키려고 시도하거나 그들의 지원을 받으려고 시도할 것이다. 각종 특권과 지원금, 혹은 사회복지 수급권 등을 제공하고 그 대가로 사람들의 지원을 매수할 수도 있다. 공무원의 수는 많으면 많을수록 좋다. 그들은 당신에게 월급을 받기 때문에 당신은 그들의 지원을 확보할 수 있다. 공적 연금제도, 건강보험 시스템, 사회보장 시스템은 권력을 공고히 하기 위한 또 다른 수단들이다. 이런 제도들은 민간 차원의 구제 사업과 이웃 사랑을 억누르며 사람들을 지원책에 의존하도록 만든다.

그런데 이러한 권력을 유지하기 위해서는 당연히 많은 돈이 들어간다. 많은 보조금과 사회보장 수급권 등을 충당하려면 만만치 않은 비용이 소모된다. 세금은 국가의 복지가 공짜가 아니라는 사실을 분명하게 보여준다. 국가로서는 세금을 징수하지 않고 국가 재정을 마련하는 방법이 필요할 것이다. 실제로는 국민들이 비용을 지불하지만 누구도 그 사실을 알아차리지 못하는 방법 말이다. 그렇게 하려면 국민들의 돈과 재산에 접근할 수 있으면서도 국민들이 알아차리지 못하는 시스템을 개발해야 한다. 극소수의 사람들만 꿰뚫어 볼 복잡한 시스템이어야 할 것이다.

짐작하겠지만 그런 시스템은 실제로 존재한다. 가장 사악한 형태의 시스템, 바로 오늘날의 국가 주도적 화폐 시스템이다. **화폐 시스템은 국가의 입장에서 전략적 중요성을 지니는 분야다. 국가가 처음부터 화폐 시스템에 개입하게 된 이유다.** 이와 관련해 롤란트 바더는 이렇게 말했다.

> 어떤 경우든 국가가 통치권을 행사하기 위해선 막대한 자금이 필요하다. 필요한 돈을 모두 합치면 천문학적인 규모가 되기 때문에 세금만으로는 어림없다. 그리하여 전 세계 국가들은 무에서 어마어마한 양의 화폐를 만들어 내기 위해 간단하게 지폐 생산 독점권을 강탈해 버리기에 이르렀다.

생각해 보자. 당신이 화폐 시스템에 대한 통제권을 가지고 있다면 당신은 세금 징수만으로 지출을 하지 않고 새로운 돈을 만들어 그 돈으로 비용을 지불할 것이다. 마치 위조지폐를 만드는 사람처럼 말이다. 차이점이 있다면 당신은 법을 만드는 사람이니 당신의 행동은 전적으로 합법적이고, 당신이 만드는 돈의 규모 또한 엄청나다는 점이다.

상품 가격이 오르면 돈의 가치는 점점 떨어진다. 국민들은 계산서에 찍힌 비용을 지불하면서 구매력 상실을 경험한다. 앞서 3장에서 설명한 구매력의 재분배를 기억해 보

자. 국가인 당신이 새로 만들어진 화폐를 제일 먼저 손에 넣고 국민들의 희생을 대가로 이익을 얻는다. 그러나 국민들은 그런 사실을 모르고, 국가가 강행한 화폐 생산과 물가 상승 간의 관계도 추론하지 못한다. 다른 수많은 요인 또한 물가에 영향을 미치는 법이니까 말이다. 그러니 당신은 쉽게 다른 사람들을 희생양으로 만들 수 있다. 탐욕스러운 투기꾼이나 기업가들, 대규모 자연재해 혹은 오일 쇼크 같은 위기에 물가 인상의 책임을 돌리는 것이다. 이때 화폐의 구매력이 상실되더라도 절대적인 수준이어서는 안 된다. 그리고 생산력 향상으로 물가 상승에 제동을 걸고 화폐 생산의 효과를 은폐해야 한다. 당신의 야심 찬 화폐 생산 덕분에 물가는 큰 폭으로 떨어지는 대신 정체되는 수준에서 머무르게 된다.

직접 화폐를 생산하는 방법 외에 누구도 꿰뚫어 볼 수 없는 복잡한 금융시스템을 구축하는 방법도 있다. 당신은 어설프게 화폐만 찍어 내는 대신 알록달록한 종이를 발행해 그 위에 '국채'라는 문구를 써넣을 수 있다. 그럼 시중은행이 그 종이를 사들인 다음 당신으로부터 '독립적인' 중앙은행에(중앙은행은 당신에게 위임받은 독점권을 보유하고 있다) 담보로 맡긴다. 그 대가로 은행들은 새로 만들어 낸 돈을 받는다. 결과적으로 새롭게 돈을 생산해 당신의 부채를 조달하는 효과가 나타난다. 그리고 그 흔적은 말끔히 사라진다. 가히 천재적인 방법이다.

요약하자면 국가인 당신은 다음의 사실을 이용한다. 국민들은 국가 지출과 세금을 서로 관련지어서 생각한다. 그러나 국민들은 국가 지출과 통화량 증대 및 그것이 초래하는 간접적 결과인 물가 상승을 서로 결부시켜 생각하지는 못한다. 화폐 독점권은 전쟁 비용, 복지국가 건설 비용, 혹은 에너지 전환 같은 특권을 부여받은 프로젝트에 드는 비용을 은폐한다. 실상을 알게 되면 국민들이 절대 지지하지 않을 정책 효과들이 교묘하게 감춰진다. 이렇듯 화폐 독점권은 지극히 비민주적이다. 진정한 민주주의자라면 화폐 독점권에 맞서 싸워야 한다.

열차의 꼬리 칸에 탄 사람들

다시 현실로 돌아오자. 당신은 국가가 아니며 식탁 맨 끝자리에 앉아 있는 한 사람의 국민에 불과하다. 당신은 국가가 녹점적으로 생산한 화폐를 쓸 수밖에 없는 처지에 놓였다.

이제 국가가 금본위제에서 벗어나는 데 왜 그토록 노력을 기울였는지 이해될 것이다. 국가가 통제하는 화폐 시스템에서 국가의 부채는 어린아이의 장난이 되어버린다. 우리는 대출 자금이 무에서 생성된다는 사실을 알고 있고, 절대 마르지 않을 듯한 돈의 샘물 바로 옆에 국가가 떡 하니 자리 잡고 있다는 것도 안다. 이는 국가의 입장에서 채무를 지는 것이 아무런 문제가 되지 않는 이유 중 하나다.

아무런 문제가 되지 않는 또 다른 이유는 국가의 채무, 즉 국채가 투자자들(투자자들 대부분은 직간접적으로 국민이다)에게 제공하는 피상적인 안전성 때문이다. 나는 아니라고 생각하고 있을지도 모르겠다. 하지만 당신은 지금 그렇게 하고 있다. 만약 생명보험이나 연금보험에 가입했다면 혹은 리스터 연금에 가입했다면 당신도 이 클럽의 일원이다. 매일 저녁 뉴스를 보면서 국가의 낭비 행태에 격분하지만 당신 또한 국가의 활동 자금을 대주는 사람 중 하나다. 생명보험이나 그와 유사한 방식으로 국채에 간접적으로 투자하고 있다.

국가가 이렇게 활동 자금을 마련하는 방식은 세금으로

활동 자금을 마련하는 것과 비교했을 때 또 다른 장점이 있다. 사람들은 세금을 징수당할 때 자신이 더 가난해진 것 같은 느낌을 받지만, 국채를 발행하면 발행된 국채는 누군가의 계좌 잔고에 최종적으로 안착하게 되고 국채를 보유한 사람은 심지어 자신이 부유해진 것 같은 느낌을 갖는다. 그런데 국민경제 차원에서 보면 이런 느낌이 망상과 다를 바 없다는 사실이 밝혀진다. 세금을 징수하는 경우와 국채를 발행하는 경우 모두 생산적인 민간 부문에서 자원을 빼앗아 낭비가 심한 국가 부문으로 펌프질을 해주는 상황이다. 두 경우 모두 민간은 더 가난하게 만들고 국가는 더 부유하게 만든다.

누구도 국가가 파산하는 상황을 쉽게 상상할 수 없을 것이다. 발권은행이 존재하기 때문에 현실적으로도 상상하기 힘든 일이다. 상황이 심각해지면 발권은행은 국가의 부채를 넘겨받아 정부를 위기에서 구한다. 이때 국민의 희생이 뒤따른다. 화폐를 무제한적으로 찍어 내면 화폐가치가 훨씬 빠른 속도로 파괴되기 때문이다.

비록 유럽중앙은행이 국채 매입을 원칙적으로 금지하고 있지만, 실제로는 국가와 긴밀한 협력 체제를 구축하는 시중은행 시스템의 도움을 받아 국가 재정 조달 임무를 넘겨받을 방법이 얼마든지 있다. 이미 지적한 대로 은행은 보유한 국채를 유럽중앙은행에 담보로 맡기고 그 대가로 새로 만들어 낸 돈을 가지면 된다. 시중은행이 국채를 담보로 맡기기 전에는 존재하지 않았던 돈 말이다.

대부분의 국가 재정에서 가장 큰 비중을 차지하는 것은 '노동과 사회' 혹은 '복지국가' 건설에 드는 비용이다. 2013년 독일에선 복지국가 건설에 든 비용이 1,190억 유로를 넘어서면서 전체 국가 재정의 38퍼센트를 차지했다. 이 또한 정부에서 세금을 인상하는 것보다 부채를 더 선호하는 이유를 설명해 준다. 세금 인상으로 국민의 돈을 빼앗았다가 다시 사회보장연금으로 돌려준다고? 말도 안 되는 이야기다. 이러면 납세자들은 자신이 낸 세금 중에 얼마를 국가가 나를 위해 썼는지 지켜보게 된다. 다시 말해 얼마나 많은 돈이 국민경제에 전혀 유익하지 않은 곳에 쓰이는지 쉽게 알아차리게 된다.

현대의 복지국가(혹은 그것의 실질적인 사회적 작용을 고려한다면 오히려 '불쾌감을 주는 국가'라고 말하는 편이 더 옳을 것이다)를 세금 징수만으로 건설하고 유지하는 건 불가능하다.

역사적으로 봤을 때, 복지국가의 성장률이 금본위제에 대한 결별 및 화폐 시스템으로의 전환과 일치한다는 사실은 결코 우연이 아니다. 현대의 복지국가는 막대한 국가 채무를 기반으로 생겨났으며 화폐 시스템을 통해서 그처럼 어마어마한 규모의 국가 채무를 지는 것이 가능해졌다. 복지국가에 드는 재정을 순수하게 세금으로만 충당했다면 이미 오래전에 국민들이 폭동을 일으켰을 것이다.

이쯤에서 2013년 11월 기준 독일 공공 재정의 총부채 현황을 살펴보면 부채는 약 2조 유로에 이른다. 숫자를 풀어 쓰면 2,000,000,000,000유로다. 하지만 미국의 국가 부채 규모와 비교하면 이 정도는 거의 약과다. 믿거나 말거나 같은 시기 미국의 부채 규모는 17조 달러였다. 한마디로 전 세계의 국가들은 어느 곳을 막론하고 세금만으로는 도저히 버틸 수 없는 상황에 놓였다. 그보다 더 심각한 사실은 부채를 질 때 눈곱만큼도 부끄러워하지 않는다는 사실이다.

권력을 잡기 위해 혹은 권력을 유지하기 위해 빚으로 마련한 선거용 선물을 들고 표 사냥에 나서고 싶은 유혹이 너무 막강하다. 허울뿐인 수많은 약속을 생각하면 그런 사람들의 행동이 이해되지 않는다. 여기서 우리는 빌헬름 부쉬Wihelm Busch가 남긴 금언을 떠올리게 된다. "일단 명성이 무너져 내리면 그때부터는 아주 노골적이고 뻔뻔스럽게 행동한다."

과거에 빌린 국가 채무 상환 만기일이 도래할 때면 항상 모범적으로 상환이 이뤄진다. 그러나 세금 징수를 통해 채무 상환이 이뤄지는 것은 결코 아니다. 국가가 이해하는 상환의 개념은 당신이 이해하는 개념과 같지 않다. 당신의 부채를 모두 상환하고 나면 당신의 대출 통장 잔고는 0으로 돌아간다.

그러나 **국가가 부채를 상환할 때는 그렇지 않다. 국가는 새로운 부채를 발생시켜 기존의 부채를 갚는다.** 알다시피 우리가 가진 돈의 가치는 시간이 지날수록 점점 떨어진다. 그 때문에 국가는 특별한 인플레이션 정책 덕분에 부채 상환이 점점 더 수월해진다. 채권자는 손해를 보고 메가톤급 채무자인 국가는 이익을 보는 것이다. 국민도 이처럼 큰 이익을 가져다주는 시스템을 이용할 수 있다면 얼마나 좋을까 싶지만, 화폐제도에 관한 한 국가는 어떤 경쟁 대상도 허용하지 않으며 화폐 독점권을 손에서 내려놓지 않는다. 그러니 누구도 화폐 독점권에 의문을 제기할 엄두를 내지 못한다.

어떤 사람들은 국가도 부채에 대해 이자를 지불한다고 하면서 이의를 제기할 수 있다. 국가가 최소한 이자라도 지불하려면 세금을 인상하는 게 필연적이라고 말할 수도 있다. 그러나 잘못된 생각이다. 이자를 지급하기 위해서라면 그냥 간단하게 국채를 새로 발행하면 그만이다. 국가는 부채도, 이자도 세금으로 갚을 필요가 없다. 새로운 부채를 지는 방법으로, 결론적으로 말하면 화폐 생산을 이용해 부채와 이자를 갚으면 된다.

막대한 이자를 일정 수준으로 제한하기 위해 국가는 보통 물가 상승과 관련된 예상치를 조작한다. 시장금리에는 예상되는 구매력 상실에 대한 보상분도 포함되어 있기 때문이다. 예상되는 구매력 상실 정도가 높으면 높을수록 대여자가 요구하는 이자 또한 더 높아진다.

채무자인 국가가 화폐가치 상실과 관련된 예상치를 낮은 수준으로 유지하는 데 성공하면 국가는 많은 돈을 절약할 수 있다. 또한 부채를 갚기 위해 새로운 돈을 그렇게까지 많이 만들어 낼 필요가 없어진다. 이럴 경우 지급해야 할 대출이자가 당연히 더 낮아질 것이기 때문이다.

그런데 국가는 어떻게 화폐가치 상실과 관련된 예상치를

낮은 수준으로 유지할 수 있는 것일까? 필요한 자금을 확보하기만 한다면 이것은 아주 간단한 일이다. 직원을 대규모로 고용한 다음 그들로 하여금 '자신이 직접 조작하지 않은 통계는 결코 신뢰하지 말라'라는 모토에 따라 각자 따로 작업을 수행하도록 하면 된다.

이런 목적을 위해 국가는 오래전부터 연방통계청을 설립해 흥청망청 돈을 쓰고 있다. 이 말은 국가가 지금도 여전히 흥청망청 돈을 써대고 있다는 것을 의미한다. 2013년 기준 연방통계청에서는 2,940명의 직원이 국가를 위해 일하고 있다. 그들은 매달 수많은 통계를 작성하는데, 엄밀히 말해 그런 통계가 필요한 사람은 없다. 어쨌든 연방통계청은 매달 물가 상승률(흔히 인플레이션 비율로 불리기도 한다)을 공표한다. 그리고 **물가 상승률을 토대로 소비자 물가지수가 만들어진다.**

물가 상승률은 가장 복잡하고 이해하기 힘든 국민경제 지표 중 하나다. 아마 통계학자들이 고용주(국가)의 위탁을 받아 문외한들은 아예 수치를 검토해 볼 기회조차 갖지 못하도록 복잡하게 만든 것 같다. 그리고 이따금 국민들이 공식적인 물가 상승률 수치에 대한 의혹을 제기하면 모든 것이 망상이자 '체감 인플레이션'에 불과하다며 서둘러 의혹을 잠재운다. 국민들은 과연 이보다 더 멍청해질 수 있을까? 물가가 어느 정도 올랐는지도 제대로 느끼지 못하고 있으니 말이다.

연방통계청의 공식적인 물가 상승률(우리는 가격 인플레이션이라는 명칭 또한 허용하겠다)이 추구하는 목표는 오직 하나, '지속적으로 진행되고 있는 화폐가치 하락을 은폐하고 국가 화폐에 대한 신뢰가 떨어지는 일을 저지하는 것'이다. 화폐 시스템은 무엇보다도 신뢰에 의존하고 있기 때문이다. 신뢰가 사라지면 상품 가격이 치솟고 누구도 더 이상 화폐를 갖길 원하지 않을 것이며 그렇게 되면 시스템이 붕괴된다. 당연히 국가는 계속 화폐제도를 통제하며 이익을 얻어야 하기 때문에 이런 사태가 일어나기를 원하지 않는다. 따라서 물가 상승 예상치를 아래로 조작하는 행위는 국가의 가장 숙달된 기술 중 하나다.

통계학자들은 물가 상승률을 계산할 때 가상의 장바구니를 사용한다. 주거, 식료품, 위생용품, 자동차 등 당신과 당신의 가족이 살아가는 데에 필요한 것들이 그 속에 모두 들어 있다. 잠시 생각해 보자. 매달 당신이 받는 월급에서 식료품과 전기요금이 몇 퍼센트나 차지할 것 같은가? 대충 어림잡아 계산해 보도록 하라.

2013년 말 기준, 통계청 장바구니에서는 식료품이 10.3 퍼센트, 전기요금이 2.6퍼센트를 차지했다. 당신은 어떤가, 비중이 더 높은가? 어떤 생각이 드는가? 도대체 그렇게 많이 먹게 되는 이유가 무엇인지 궁금한가? 그리고 전깃불을 오랫동안 켜놓는 이유가 무엇인지 궁금하다는 생각이 들지 않는가? 일찍 잠자리에 들거나 이따금 촛불을 켜면 어떨까? 전기요금을 아낄 수 있을뿐더러 운치도 있을 것이다. 적어도 EU가 지정한 에너지절약 램프 불빛보다는 더 운치 있을 것이다. 그 외에도 많은 돈을 절약해 양초 같은 물건들을 구입하는 데 더 많은 돈을 지출할 수도 있다. 하지만 당신은 통계학자들이 예상하는 것과 다르게 행동한다.

통계청이 발표한 이 수치를 한 달 수입이 3,000유로인 4인 가족에게 적용해 보면 매달 식료품과 전기요금을 합쳐 390유로 정도만 지출해야 한다. 하지만 두 항목은 지난 몇 년간 현저하게 가격이 상승했다. 통계청이 제시한 예산을 당신의 예산과 비교해 보고 배우자와 의논해 보라. 아마 당신은 잠시 뒤로 물러나 있는 편이 좋을지도 모른다. 게다가 매달 800유로의 수입으로 먹고살아야 하는 다수의 독신 여성 연금 수급자들에게 같은 공식을 적용했을 때 어떤 결과가 도출되는지에 대해서는 아예 언급을 피하고 싶다.

사실 평범한 가정의 한 달 수입 중에 가장 큰 지출이 요구되는 이 두 가지 항목의 비중은 지나치게 낮게 책정되어 있다. 당연한 말이지만 이처럼 잘못된 비중 설정은 수입이 적을 경우 한층 더 심각한 영향을 미친다.

아무래도 당국이 물가통계를 작성할 때 사용하는 헤도닉 방법론Hedonic Price Method을 이용해 이 부분을 다시 한번 짚고 넘어가야 할 것 같다. 너무 복잡하게 들리는가? 겁먹을 필요 없다. 이 말은 예를 들어 당신이 새로 장만한 노트북이 4년 전에 구입한 낡은 노트북보다 성능이 두 배 뛰어나다면, 비록 새 노트북이 두 배 더 비싸다 해도 통계학자들이 이 가격을 더 낮게 책정할 수 있다는 말과 다르지 않다. 그러니까 가격이 더 내려갔다고 간주하는 것이다. 통계학자들은 이에 대해 "그러므로 가격을 측정하는 과정에서 상품의 질적인 개선을 수량화하고 가격 현황에서 그것을 차감하는 것이 필수적이다"라며 공식적인 근거를 제시한다.

여기서 문제가 되는 것은 실제로는 가격이 전혀 내려가

지 않았다는 사실이다. 게다가 지금은 아무리 원해도 당신이 과거에 구입한 모델에 적용되었던 낮은 성능의 노트북을 더 이상 구입할 수 없다. 그뿐만 아니라 그런 노트북에서는 최신 소프트웨어도 제대로 작동하지 않는다. 이런 방식으로 마술을 부려 만들어 낸 가격 인하는(실제 삶에서는 존재하지 않는) 다른 부문, 예컨대 식료품 부문에서 발생한 가격 인상을 상쇄하는 데 도움을 준다.

장바구니 물가를 강력하게 상승시키는 요인들을 지나치게 낮게 평가하는 것도 모자라 현실에는 아예 존재하지도 않는 가상의 가격 인하를 계산에 포함시키는 사실을 믿기 어려운가? 결국 인정할 수밖에 없겠지만 위에서 말한 방법론에 따르자면 그렇다.

원한다면 이쯤에서 연방통계청 웹 사이트www.destatis.de를 상세하게 둘러보라. 그중에서도 특히 '물가'와 관련된 내용을 잘 살펴보도록 하라. 곧 말문이 막혀 버릴지도 모른다. 통계청에서는 너무나 어처구니없고 복잡한 계산 방법으로 '물가'라는 주제를 가지고 7개의 봉인이 찍힌 책을 만들고 있다.

아무튼 당국의 물가통계는 국민들을 속이는 데 매우 중

요한 역할을 수행한다. 실제로 진행되고 있는 화폐가치 하락의 실상을 감추는 한편, 이를 통해 국민들이 지속적으로 소유권을 박탈당하고 있다는 사실도 속인다.

부와 빈곤의 알고리즘

앞서 3장에서 기술 혁신과 국제 분업을 감안한다면 지난 몇 년간 상품 가격이 내려가야 마땅했다고 설명했다. 다시 그 대목을 기억하기 바란다. 그런데 도대체 왜 상품 가격 하락의 가능성에 대한 토론은 이뤄지지 않는 것일까? 좀 의심스러운 생각이 들지 않는가?

만약 국채 매입자들을 위협하는 실질적인 구매력 상실 정도가 투명하게 드러난다면, 국가가 대출금에 대한 대가로 지불해야 할 이자율이 얼마큼 높아질 것으로 생각하는가? 물론 정확하게 몇 퍼센트라고 이야기해 줄 수는 없고 사실 그건 중요한 문제가 아니다. 하지만 한 가지 사실만큼은 분명하게 말할 수 있다. 장담컨대 당신 또한 우리의 주장에 동의할 것이다. 만약 국가가(정부, 통계청 혹은 그 어떤 기관이든) 공식적인 물가 상승률을 시각적으로 낮은 수준으로 유지하지 않는다면, 그리고 통화량 확장을 통해 초래된 화폐가치 상실 부분을 모두 상쇄하기 위해서는, 안정된 화폐라는 황당무계한 주장을 펼치면서 현재 지불하는 것보다 훨씬 더 높은 대출 이자를 지불해야 할 것이다.

이 외에도 자산시장, 그중에서도 주식과 부동산 시장이 물가통계에 포함되지 않는다는 사실을 인지하는 것도 매우 중요하다. 그런데 지난 몇 년간 이들 시장에서 가장 큰 폭의 가격 상승이 발생했다. 그러나 공식적인 물가 상승률에서는 이 사실이 완전히 무시되고 있다. 놀랍지 않은가? 전문가들은 예를 들어 통화량이 확장되어 주식투자 부문이 상승하면 이를 두고 '자산 가격 인플레이션asset-price-inflation'이라고 말한다.

자산시장에서 발생하는 가격 상승은 사회적 빈부 격차가 점점 더 심화되는 이유를 설명하는 중요한 요인이다. 만약 어떤 가족이 벌어들인 수입으로 근근이 생계를 유지한다면 그 가족에게는 주식에 투자할 잉여 자금이 없다. 자기 소유의 부동산이나 임대 부동산에 대한 투자는 말할 것도 없다. 혹시 어떤 평범한 가족이 몇 유로를 떼어놓는 데 성공한다고 해도, 실물자산에 투자할 때 꼭 고려해야 하는 경기변동

리스크에 이 가족이 효과적으로 대처하는 건 불가능에 가깝다. 자산시장의 가격 상승으로 이익을 보는 사람들은 이미 자산을 보유하던 사람들이다. 그들은 점점 더 부를 쌓게 되며 기존 자산을 담보로 더 많은 대출을 받아 더 많은 주식이나 부동산을 매입한다.

앞서 정부는 화폐 생산을 통해, 즉 인플레이션 세금을 통해 국가 지출 자금을 충당하는 방법을 선호한다는 사실을 설명했다. 국민들이 그 방식을 일반적인 세금 징수만큼 고통스럽게 느끼지 않기 때문이다. 무엇보다 대부분의 국민은 인플레이션을 유발한 장본인을 찾아내지 못한다. 이 책을 읽기 전까지는 당신도 그랬을 것이다.

그런데 통화량 확장을 통해 지출 자금을 충당하는 방법은 국가의 입장에서 볼 때 또 다른 측면에서 아주 매력적이다. 상품 및 서비스의 가격 상승이 세금 징수와 직접적인 관계를 맺고 있기 때문이다. '세금'이라는 주제 하나만으로도 따로 책 한 권을 쓸 수 있을 테지만, 여기에서는 몇 마디만 하고 넘어가겠다.

국가의 세금 징수액이 큰 폭으로 늘어날 때면, 기업의 기록적인 이익 공개를 다루는 뉴스에 뒤지지 않을 만큼 많은 언론 보도가 이어진다. 그러나 이 둘 사이에는 매우 중요한 차이점이 존재한다. 사람들은 어떤 기업의 상품과 서비스를 갖기 위해 자발적으로 그 기업으로 걸어간다. 기업은 매력적인 상품을 준비했을 때에 한해서만 이익을 얻을 수 있다. 매력적인 상품을 만들지 못하면 소비자의 선택을 받지 못해 결국 시장에서 사라지고 만다. 따라서 기록적인 이익은 극도로 매력적인 상품이 존재한다는 사실에 대한 암시다. 대중의 입장에서 볼 때 그것은 충분히 축하할 만한 근거가 있는 일이다.

반면 세금 납부는 자발적으로 이루어지는 일이 아니다. 경제학자 머레이 N. 라스바드는 저서《새로운 자유를 찾아서For a new liberty》에서 "세금을 그 어떤 의미에서든 자발적으로 내는 돈으로 간주하기를 고집하는 사람이 있다면, 그는 본인이 세금을 내지 않기로 했을 때 어떤 일이 일어나는지 두 눈으로 보게 될 것이다"라고 말했다.

국가는 내부적으로 어떤 누구와도 경쟁하지 않는다. 국가는 자국 영토 내에서 권력 독점권을 보유하고 있다. 이것만으로도 이미 충분히 나쁜 일이다. 그렇다면 최소한 국가의 협력자들이 기록적인 세금 징수를 자랑하는 일은 하지 말아야 한다. 그들은 그것을 위해 한 일이 아무것도 없다. 그들은 새로운 상품을 개발하지도 않았고, 가치를 창출하지도 않았다. 마치 소매치기가 1년 동안 기록적인 숫자의 지갑을 훔쳤다고 자랑하는 것과 똑같은 형국이다. 그것도 지갑을 도둑맞은 사람들의 바로 눈앞에서 말이다.

소매치기는 적어도 볼일을 마친 후(?) 슬쩍 사라져 버린다. 사람들은 그를 다시는 보지 못한다. 설령 다시 본다고 하더라도 알아보지 못한다. 소매치기는 자신의 행동이 부당하다는 사실을 잘 알고 있다. 우리는 소매치기에게 모욕당하고 조롱당하는 일이 절대 없어야 한다.

그런데 국가는 사정이 다르다. 국가는 사라지지 않는다. 항상 버티고 서서 해마다 세금을 수금해 간다. 가장 나쁜 점은 소매치기처럼 부끄러움을 느끼면서 도망을 치지도 않을 뿐더러 당신의 돈을 훔친 것이 어디까지나 당신을 위해서인 것처럼 둘러댄다는 점이다. 그런 관점에서 본다면 당신은 국가의 기록적인 세금 징수를 경이에 찬 눈으로 바라봐야 할 것이다.

공무원들이 유일하게 혁신적인 면모를 보여주는 영역이 한 가지 있다면, 당신이 뼈 빠지게 일해서 벌어들인 돈에 가장 효과적으로 접근할 방법을 생각해 내는 것이다. 그들은 (수많은 사례 중 한 가지에 불과한데) 차량 기름값이나 전기세에도 부가세를 부과하는 일을 서슴지 않는다. 이것은 반드시 짚고 넘어가야 할 부분이다. 세금에 또 세금을 부과하는 행위는 파렴치함을 넘어서는 행위인 동시에 기만적 행위이며, 중세 시대에 노상강도가 하던 짓이나 다름없다. 현대에 들어 세금 징수를 최대화하는 데 어떤 권모술수가 벌어지는지 알게 된다면 옛날의 노상강도들도 무덤에서 벌떡 일어날 것이다.

노동자들과 기업가들은 생산적이다. 그들은 다른 노동자나 다른 기업가들과 경쟁을 벌이면서 가치를 창출한다. 기업가들은 직원들의 도움을 받아 소비자의 다양한 욕구를 충족시키기 위해서 노력한다. 그들은 소비자들에게 보다 나은 상품을 가급적 저렴한 가격에 제공하려고 부단히 힘쓰면서 다른 기업들과 경쟁한다. 국가는 세금 인상으로 기업가들과 노동자들의 수입을 갈취한다.

다시 우리의 질문으로 돌아가면, 통화량 확장과 세금은 어떤 관계를 맺고 있을까? 간접세, 이른바 부가세부터 이야기해 보자. 당신이 물건을 구매할 때마다 계산서에는 항상

부가세가 포함되어 있다. 따라서 화폐 생산으로 인해 물가가 인상되면 어떤 일이 일어날지 충분히 짐작이 가고도 남는다. 당연히 국가의 부가세 수입 또한 상승한다.

연방통계청에 따르면 2012년 부가세 수입이 약 1,420억 유로에 달했다고 한다. 그로부터 10년 전에는 부가세 수입이 1,050억 유로 정도에 불과했다. 10년 사이에 자그마치 35퍼센트나 늘어났다. 그렇다면 같은 시기에 당신의 수입 또한 35퍼센트 늘어났는가?

세금은 자동으로 늘어나기도 하고 지나치게 큰 폭으로 늘어나기도 한다. 국가는 소득세 증가를 통해 비밀스럽고 조용하게 살금살금 다가와 다른 사람들이 구워놓은 케이크를 훔친다. 그것도 점점 더 큰 조각을 말이다. 이 모든 것은 물가 인상 덕분이다. 당신도 '콜드 프로그레션Cold Progression'(세금 추가 부담 혹은 은밀한 세금 인상을 뜻한다 - 역주)이라는 개념을 알고 있을 것이다. 당신은 당신도 모르는 사이에 세금 인상에 덜미를 잡힌다. 이 개념의 핵심은 다름 아닌 세금 추가 부담이다. 한 푼 한 푼 추가로 돈을 벌 때마다 당신은 한계세율marginal tax rate을 지불해야 한다. 그 때문에 임금이 상승할 때마다 당신의 세금 부담도 함께 늘어난다.

하지만 엄밀히 말하면 **당신의 임금이 매년 인상되는 이유는 모든 상품 가격이 계속해서 상승하고 있기 때문이다.** 그렇지 않은가? 상품 가격이 인상되면 그 뒤를 이어 임금이 인상된다. 그리고 임금이 인상되면 세금 징수가 지나치게 큰 폭으로 늘어난다. 그런데 왜 정치인들은 소득세액표가 공식적인 물가 인상률에 연동해 자동으로 오르내리도록 만들지 않는 것일까? 물론 그렇게 했다가는 그들의 욕심을 다 채울 수 없기 때문이다.

회계사 한스 – 게오르크 야체크Hans-Georg Jatzek 박사가 〈하우프트슈타트브리프Der Hauptstadtbrief〉에 발표한 보고서에 따르면, 1960년만 하더라도 미혼 남성이 최고 세율을 적용받으려면 연간 총 6만 유로를 벌어야 했다. 하지만 오늘날에는 연간 총수입이 5만 5,000유로만 되어도 최고 세율을 적용받는다. 곰곰이 생각해 보자. 그 옛날 1960년대에 연 수입이 6만 유로였다면 실로 엄청난 금액이다.

평균 수입을 근거로 계산하면 국민들에 대한 착취가 한층 더 또렷하게 드러난다. 1960년을 기준으로 근로자 한 명이 최고 세율을 적용받으려면 근로자 평균 수입의 거의 20배를 벌어야 했지만, 이제는 평균 수입의 두 배 정도만 벌어도 최고 세율을 적용받는다. 정말 어처구니가 없는 일이다. 도대체 왜 그런 것인지 당신이 사는 지역의 국회의원에게 한번 물어보라. 그가 어떻게 대답할지 무척 궁금하다.

지난 30년 동안 강도를 방불케 하는 계략을 동원한 덕분에 연방과 주, 시의 세금 징수액이 1,900억 유로에서 2012년 6,000억 유로로 가볍게 뛰어올랐다. 독일 경제부 인터넷 사이트에 들어가면 이런 사실을 확인할 수 있다.

당연히 정치인들은 왜 자신들이 그랬는지에 대한 근거를 수없이 늘어놓았다. 대부분 국가가 사회적인 의무와 과제를 완수해야 한다는 것이 주된 설명이었다. 줄줄이 딸린 자식들을 먹여 살려야 한다고 호소하는 소매치기와 조금도 다를 바가 없다. 하지만 이런 변명은 공허하고 실체 없는 허튼소리다. 진실은 다른 곳에 있다. 국가가 인플레이션과 부채 축적을 통해 자원과 각종 세금을 자신들 쪽으로 끌어가기 위해서다.

지금 이 순간부터 통화량이 더 이상 늘어나지 않는다고 상상해 보라. 돈에 중독된 국민경제는 즉시 무너져 내릴 것이다. 일단 그 문제는 제쳐두자. 아마 더 이상 물가가 오르지 않을 것이다. 그리고 화폐 생산을 통해서 유발된 물가 인상과 그로 인한 자동적인 세금 인상은 일어나지 않을 것이다. 대신 지속적인 화폐 생산을 통해 억눌러놓은 금리가 치솟을 것이다. 국가는 더 이상 추가로 화폐를 생산해 지출 자금을 충당할 수 없게 될 것이고, 그 결과 과도한 부채를 짊어진 채 무너져 내릴 것이다. 즉각적인 조치를 동원해 가면서 정치인들의 씀씀이를 충당하는 일이 더는 불가능해질 것이다.

지금까지 설명한 내용의 배후에는 모종의 정책이 숨겨진 것처럼 보인다. 그렇다면 이제는 과연 어떤 계획에 따라 그런 정책이 펼쳐지는 것인지 한 번쯤 의문을 가져봐야 할 것 같다. 정치인들은 자신들의 존재를 정당화하기 위해 기만적인 근거들을 자체적으로 계속 만들고 있지 않을까? 당연히 모든 것은 존재 이유를 필요로 한다. 누군가가 열심히 자신의 임무를 수행하고 생산적인 활동을 한다면, 또 어떤 기업이 상품을 생산하거나 서비스를 제공하고 그것을 소비자가 구입하거나 수용한다면, 이는 명백히 존재 이유가 된다.

그런데 과연 정치인을 필요로 하는 사람이 얼마나 있을까? 그것도 다른 수많은 정치인과 전혀 다를 바 없는 그런 정치인을 말이다. 하물며 주변에 뿌릴 돈을 확보하지 못한 정치인을 누가 필요로 할까? 정치인들에게서 돈을 빼앗아 버린다고 상상해 보라. 과연 그들에게 무엇이 남겠는가?

국가는 화폐제도와 통화량 확장, 그리고 부채 증가를 통해 가난한 사람들은 더 가난하게, 부자들은 더 부유하게 만든다. 그러나 이런 행위를 꿰뚫어 볼 수 있는 사람이 거의 없기 때문에 국가는 이에 대한 책임을 늘 다른 사람에게 전가한다. 그다음 국가는 사회복지사의 모습을 하고 나타나서 수입을 재분배하기 시작한다. 심지어 부자들의 돈을 빼앗아 가난한 사람들에게 전달하기도 한다. 이는 국가 스스로 만들어 낸 기만적인 존재 이유다. 국가는 여러 가지 문제를 해결하는 만능 해결사처럼 행동한다. 하지만 그 문제들은 국가의 화폐 독점권이 없었더라면 아예 존재하지도 않았을 문제들이다.

국민뿐만 아니라 기업들 역시 국가의 작용에 점점 더 의존적으로 변해가고 있다. 국민들은 사회보장기금을 통해서, 기업들은 국가가 제공하는 다양한 종류의 지원금을 통해서 그렇게 변해간다. 국민총생산의 약 절반 정도가 국가의 손을 통해 대부분의 산업 부문으로 흘러 들어가고 있다. 국가는 거대한 재분배 기계이자 중요한 비중을 차지하는 주문자로 변신해 점점 더 큰 종속성을 창출하고 있다.

국가가 개개인의 자유에 어떤 식으로 점점 더 큰 영향력을 행사하는지에 대해서는 7장에서 자세하게 살펴볼 것이다. 이 영향력이 결코 긍정적이지 않다는 사실은 불 보듯 뻔하다.

국가에게서 다시 돈을 빼앗아 올 수 있다는 상상을 하는 것만으로도 국민들은 큰 즐거움을 느끼게 될 것이다. 그런데 곤경에 처했을 때 국민들은 본능적으로 누구에게 가장 많이 도움을 요청하는가? 바로 국가다. 이것이 국가가 나쁜 화폐를 통해 만들어놓은 결과다. 국가는 국민들과 기업들 사이에서 종속성을 창출했다. 국가의 사회보장기금, 국가의 주문, 국가의 보조금, 그 외에 다른 금융 기금에 대한 종속성을 창출한 것이다. 국가는 사람들을 타락시켰다.

독일의 루트비히 폰 미제스 연구소 소장인 경제학자 토르스텐 폴라이트Thorsten Polleit는 이런 맥락에서 '집단적 타락'이라는 개념을 만들었다. 집단적 타락의 결과로 국민 대부분이 국가의 행동에 서서히 찬성하게 된다. 끝없는 통화량 증가와 그로부터 귀결된 부채의 결말이 좋지 않을 거라는 사실을 본능적으로 느끼고 있음에도 불구하고 말이다.

사람들은 침묵하면서 받아들인다. 이런 행동은 자신들의 기득권을 잃어버릴지도 모른다는 두려움에 기인한다. 왜냐하면 은행과 보험사, 그리고 과도한 부채를 진 기업들이 정말 파산하게 되면 많은 사람들이 돈과 일자리를 잃을 것이기 때문이다. 적어도 단기적으로는 그렇게 될 것이다. 그래서 그들은 차라리 두 눈을 질끈 감고 점점 더 많은 돈을 만들어 내는 발권은행의 행위를 수용한다. 장기적으로 봤을 때 이런 태도가 자신의 무덤을 파는 짓이라는 것을 알면서도 애써 외면한다.

종속성을 창출하는 자는 권력을 획득할 수 있다. 종속된 사람들에 대한 권력 말이다. 이것이 현재 화폐 시스템이 돌아가는 방식이다. 국가의 돈이 더 이상 풀리지 않을지도 모른다는 사람들의 불안감이 국가와 정부, 그 밖의 정치권력자들을 지금 그들이 앉아 있는 자리에 앉힌다. 하지만 그들은 그자리에 앉을 자격이 없다. 공정한 방법으로 앉은 것이 아니라 나쁜 화폐를 확립해서 부당하게 그 자리를 차지했다. 그들은 사리사욕을 채우고 자신들의 입지를 굳히는 데 국가의 돈을 사용한다.

우리가 꼭 알아야 할 돈의 본질

각국 정부는 복지국가 건설에 필요한 자금을 충당하는 데 소요되는 막대한 자금을 만들기 위해 세금을 올리는 대신 부채를 지는 길을 선택한다. 그럼 국민들이 그에 따른 부담을 직접적으로 감지하지 못하기 때문이다. 국가 채무 증가와 그 결과 사이의 관계(수입과 재산의 재분배 및 구매력 상실)가 교묘하게 은폐된다. 이로써 정치인들이 화폐를 그토록 사랑하는 이유와 수단을 가리지 않고 화폐 시스템을 고수하려는 이유가 명확하게 밝혀졌다. 오늘날의 국가 채무는 오직 국가 독점권이 확립된 화폐 시스템에서만 가능하다.

연방통계청이 작성한 소비자 물가지수는 국민들에게 화폐의 안정성이라는 환상을 심어주지만, 화폐의 안정성은 존재하지 않는다. 거짓된 환상을 심어주는 목적은 국가 화폐에 대한 신뢰를 공고히 유지하고 최대한 유리한 조건으로 국가 부채를 끌어들이기 위해서다. 또한 국가는 통화량 확장을 통해 의도적으로 잠재적 가격 하락을 저지한다.

통화량 확장은 물가 상승과 기업 이익의 증대, 그리고 임금 상승을 초래한다. 이렇게 되면 온갖 종류의 세금을 통해 국가의 수입이 자동으로 늘어난다. 세금이 늘어나면 국가는 더 많은 가용 자금을 얻게 된다. 이와 동시에 물가 상승은 근검절약하는 사람들을 희생양으로 삼아 한껏 쌓인 국가 부채 규모를 실질적으로 줄여주는 효과를 발휘한다.

국가 독점 화폐와 인플레이션은 불안정하고 부패한 금융 시스템을 창출했다. 그리고 점점 더 많은 사람들이 직간접적으로 종속되기에 이르렀다. 거듭 찾아오는 위기 상황에서 이런 금융 시스템을 구제할 수 있는 것은 국가뿐이다. 국가의 지출이 증가하면 국가에 대한 국민들의 종속성 또한 더욱더 커진다. 국가의 권력은 점점 더 공고해지고 있다. 사람들은 국가가 만들어 낸 나쁜 화폐에 매수되었다. 그들은 기득권에 대한 두려움으로 인해 지속적으로 돈을 찍어내는 국가의 행위를 수용하는 한편, 앞으로 닥쳐올 대재앙에 눈을 감아버렸다.

6장

인플레이션이
우리 삶에 미치는 영향

부채의 부담을 지고 있는 사람은 가족과 자신이 몸담은
공동체를 위해 경제적, 도덕적 지지대를 마련하는 대신
도움의 손길을 찾아 헤매면서 타인에게 의지하는 습성을 갖게 된다.

— 외르크 귀도 휠스만

자유로운 돈이 만든 삶의 여유

우리는 당신이 몇 살인지 모른다. 만약 당신이 아주 젊은 나이가 아니라면 종종 과거를 회상할 것이다. 나이가 좀 더 들었다면 좋았던 옛 시절을 이따금 떠올리며 거기에 푹 빠져들 것이다. 그보다 나이가 더 많다면 자녀들이나 손자손녀들에게 과거에는 사정이 훨씬 좋았다는 이야기를 들려주곤 할 것이다. 하지만 과거가 그토록 좋았다거나 심지어 더 나을 이유가 있을까? 그래도 지금 우리는 과거와 달리 모든 것을 넘치도록 가지고 있지 않은가.

언뜻 보기에는 이런 감정이 느낌에 불과한 것처럼 보이

지만 자세히 들여다보면 모두 사실이라는 것이 밝혀진다. 실제로 우리 생활은 가정, 직업 등 과거에 비해 훨씬 더 분주해졌다. 하지만 어찌 된 노릇인지 가정과 직업이 서로 융화되는 게 어려워지고 있다. 일에 대한 압박이 커지면서 가정은 뒤로 밀려난다. 그래서인지 이혼 건수도 늘고 혼자 아이를 키우는 엄마들도 늘어나고 있다.

왜 이런 현상들이 나타난 것일까? 우리 사회의 수많은 부조리에 대한 원인은 어디에 숨어 있을까? 단기적인 목표를 지향하는 낭비사회 혹은 소비사회로 일컬어지는 우리 사회의 부조리에 대한 원인 말이다. 우리는 계속 질문을 던지면서 이러한 문제들에 파고들 것이다. 어쩌면 미심쩍을지도 모르겠다. '이 사람들 혹시 사회의 모든 부조리를 화폐 질서와 연관시키는 것 아니야? 아무리 그래도 그건 지나친 억측이야'라고 말이다. 그렇다면 잠시만 기다려보라.

다시 우리의 작은 도시로 돌아가 보자. 그곳에서는 아직 모든 것이 정상적으로 돌아가고 있다. 그곳의 화폐 질서는 경쟁을 토대로 하는 민간 화폐 질서다. 천만다행으로 국왕이 화폐제도에 손을 대지 않는다. 사람들은 금화와 은화를 지불수단으로 사용하거나 그것을 대신해 보관증을 쓴다.

다행히 모든 것이 예전과 다름없이 잘 돌아가고 있다.

국왕은 여느 때나 다름없이 시민들의 삶에 거의 개입하지 않는다. 그가 시민들에게 요구하는 얼마 되지 않는 조세는 도시의 안전을 확보하는 데 쓰인다. 국왕은 조세 수입으로 소규모 군대를 부양하고 시민들의 재산을 외부의 침입으로부터 안전하게 보호한다. 안전한 생활을 영위하는 도시 사람들은 미래지향적으로 생각하면서 검소하게 살아간다. 어떤 사람이 돈을 빌릴 일이 있을 때면 반드시 또 다른 누군가가 필요한 자금을 미리 저축해둬야 한다. 즉 소비를 포기해야만 한다. 그런데 이곳 사람들은 위급한 상황에 한해서만 대출을 받는다. 그들은 돈을 빌리기보다는 오히려 무언가를 마련하는 데 필요한 자금을 미리 저축해 두는 경향이 있다.

앞서 언급한 어부 또한 그렇게 행동한다. 그는 조상이 해오던 대로 돈벌이가 되는 가족기업을 운영하고 있다. 그는 빚을 내서 TV를 산다거나 여행을 갈 생각은 하지 않는다. 사실 모든 것이 추세적으로 점점 더 저렴해지고 있는 상황에서 그렇게 해야 할 이유도 없다. 장기적으로 물가가 떨어지고 있고 어부는 기업 운영과 관련해서도 대출을 받아본

적이 없다. 그는 항상 미리 보관하던 이익금으로 투자에 필요한 자금을 조달했다. 언젠가 더 큰 배를 구입하려고 했을 때 그는 배 지분의 일부를 외부 투자자들에게 팔았다. 앞으로 물가가 떨어져 대출금 상환이 더 힘들어질 텐데 왜 불필요하게 대출을 받아 부담을 지려 하겠는가?

도시에 사는 사람들 대부분은 '선 – 절약, 후 – 소비' 방식으로 살아가고 있다. 규모가 작은 물건을 마련할 때나 큰 물건을 마련할 때나 마찬가지이며 집이나 땅을 살 때도 똑같다. 사람들이 왜 이렇게 행동하는지는 쉽게 이해할 수 있다. 그건 장기적으로 물가가 떨어지는 경향을 보이기 때문이다. 이는 시간이 흐를수록 화폐의 구매력이 조금씩 증가한다는 것을 의미한다. 왜냐하면 재화 생산은 지속적으로 늘어나는 반면, 통화량은 아주 근소하게(요컨대 금이나 은이 새롭게 채굴되는 양만큼만) 늘어나기 때문이다.

상품 가격이 오르지 않기 때문에 불필요하게 빚을 내고 그로 인한 이자를 부담하는 것은 아무 의미도 없고 전혀 이득이 될 것도 없다. 모든 것이 여유롭고 느긋하게 돌아간다. 인내심을 갖고 기다리면 더 낮은 가격으로 보상받을 수 있다. 또한 저축하는 것은 복잡하지 않고 아주 간단한 일이다.

꼭 주식 천재가 되지 않아도 본인의 재산을 지키고 유지할 수 있다. 그냥 현금을 보유하고 있기만 하면 된다. 장기적으로 볼 때 현금 가치가 더욱 높아질 것이기 때문이다.

그리하여 어부는 노후를 대비하고 자손에게 물려주기 위해 모아둔 금화 자루 하나를 지하실에 묻었다. 지금 양복을 한 벌 살 수 있는 가치의 금화라면 50년 후에도 충분히 양복을 구입할 수 있다. 그뿐만 아니라 세련된 실크 햇도 충분히 구입할 수 있을 것이다.

보편적인 안정성과 신뢰는 사람들의 인생 계획과 성격을 특징짓는다. 장기적인 계획을 세우는 일은 그럴 만한 가치가 있다. 저축도 마찬가지다. 건강한 믿음과 보편적인 편안함이 이 사람들의 정서 상태를 특징짓는다.

대다수의 기업가는 프로젝트 비용을 자기 자본으로 조달한다. 그들은 보수적이고 신중하게 행동하며 부채를 거부한다. 부채에 대한 부담은 규모가 아무리 작더라도 사람들의 삶에 매우 큰 영향을 끼치기 때문에 부채가 없는 기업가들은 독립적이고 유연하게 행동할 수 있다.

어부는 할부로 융자를 갚지 않아도 된다. 그는 10년 동안 벌어들인 수입에서 일부를 따로 떼어두었다가 그 돈으로 가족들이 살 집을 마련했다. 또한 그는 사업적으로도 은행에 빚을 지지 않았고 어디에도 얽매이지 않고 자율적으로 행동한다. 마음만 먹으면 사람들이 안식년을 가지며 쉴 수도 있다. 산더미 같은 빚 때문에 어쩔 수 없이 하기 싫은 일을 억지로 할 필요도 없다. 그는 철학적인 사고에 몰두할 수도 있고, 사색에 잠길 수도 있으며, 긴 여행을 떠나거나 가족들과 더욱 많은 시간을 보낼 수도 있다. 누가 뭐래도 어부는 기반을 탄탄하게 잡았다. 그 어떤 것도, 그 누구도 그에게 더 많이, 더 빨리 돈을 벌어야 한다고 몰아대지 않는다.

물론 그렇다고 해서 대출이 아예 없는 것은 아니다. 작은 도시의 기업가들도 어쩌다 한 번씩 대출을 받을 때가 있다. 하지만 그들은 과도하게 대출받지는 않는다. 그런 일은 아예 불가능하다. 이 도시의 확립된 화폐 질서를 기억해 보라. 작은 도시에는 무에서 만들어 낸 돈이 존재하지 않는다. 또 인위적으로 끌어내린 낮은 이자도 없다.

기업가들은 본인이 대출에 따른 의무를 변함없이 충실하게 수행할 수 있다고 확신하는 때에만 자금을 대출한다. 그들은 투자 비용을 꼼꼼히 계산하고 사업이 잘 굴러가지 않을 경우에 대비해 제대로 된 완충장치를 마련해 둔다. 이에 상응해 기업의 외부 자본 비율도 낮은 수준으로 유지된다.

작은 도시에서는 사람들이 빚을 거의 지지 않는 데다 통상적으로 생산량보다 소비량이 적기 때문에 자본과 부가 늘어난다. 부의 증대는 구매력이 지속적으로 증가하기 때문에 모두에게 유익하게 작용한다. 그와 동시에 국왕이 부과하는 세금은 미미하다. 일반적인 경우 작은 도시에서는 한 사람의 수입으로도 가족 모두를 부양할 수 있고, 할아버지나 할머니 같은 노인까지 함께 부양하기에 충분하다. 따라서 작은 도시의 여성들은 자녀를 양육하는 일에 몰두할 수 있다.

위의 이야기는 현대에 통용되는 사회상과 완전히 반대되는 내용이다. 요즘 같은 세상에 여성들을 향해 일하면서 자아실현을 이루는 대신 자녀 양육에 헌신하라고 할 수 있을까? 그보다 더 생뚱맞은 일도 없을 것이다. 그런데 한 번쯤 색다른 질문을 던지고 싶다. 오늘날 수많은 결혼한 여성들은 원해서 일하러 가는 것일까, 아니면 가족의 생계를 꾸려나갈 돈이 부족해서 그러는 것일까?

물론 자아실현을 위해 일하기도 하지만 지금까지의 맥락에서 우리의 의견을 이야기하자면 이렇다. 현대 사회에서는 한 사람의 월급으로는 각종 세금과 사회보장 부담금, 그리고 지속적인 화폐가치 상실 부분을 제외하고 나면 남는 돈이 턱없이 부족해진다. 모르긴 해도 부모 중 한쪽이 자녀 양육에 온전히 헌신하는 일은 매우 어려워 보인다. 그 결과 점점 더 많은 어린이와 영아들이 국가가 지원하는 보육시설에서 하루를 보내고 있다.

이런 상황이 아이들에게 도움이 되는 일일까? 유아기에 부모와의 유대 감소가 장기적으로 어떤 결과를 초래할지는 교육 전문가들이 평가하고 판단할 문제다. 그러나 오늘날 현실은 부모 중 한쪽이 하루 종일 자녀를 돌볼 선택권이 사실상 존재하지 않는다는 것이다. 지속적인 물가 상승과 높은 세금 부담이 대부분의 부모에게서 선택권을 처음부터 박탈해 버렸다.

그럼 세금은 도대체 왜 그렇게 높은 것일까? 궁극적으로 보육시설을 지원해야 하기 때문이다. 아이러니한 현실이다. 국가는 보육시설에 들어가는 자금을 충당하기 위해 부모들에게 돈을 걷어간다. 하지만 이렇게 돈을 뜯어내지만 않는다면 보육시설은 아예 필요하지도 않을 것이다. 그런데 이런 시스템은 누군가에겐 유익한 일이다. 이를 통해 영향력과 권력을 얻는 사람은 과연 누구일까? 그게 누구인지는 이제 당신도 알고 있다.

다시 우리의 작은 도시로 돌아가면, 그곳에서는 대부분의 부모가 둘 중 한쪽이 아이들 곁에 남을 것인지 아니면 두 사람 모두 경제활동을 할 것인지 자유롭게 결정할 수 있다. 그들은 경제적인 압박을 받지 않는다. 따라서 가족을 부양하는 데 충분한 수입을 확보하기 위해 무조건 두 사람 모두 일하러 갈 필요가 없다. 언급한 것처럼 도시 사람들에게 부과되는 조세가 아주 낮기 때문이다. 물론 생활비가 부족해 부모가 모두 일하러 가야 하는 집도 있지만 그런 가정은 예외에 속한다. 만약 부모 둘 다 일하기를 원하면 가사도우미나 유모를 고용하고 돈을 지불하면 된다. 아니면 한집에 사는 조부모가 손자손녀들을 돌볼 수도 있다. 이 돈 또한 모두 부모의 주머니에서 지불되는 비용이다.

어쨌든 작은 도시의 사람 중에 국왕이 지급하는 사회보장기금을 받아야 할 처지에 있는 사람은 거의 없다. 물론 국왕도 그런 기금을 제공하지 않는다. 누군가 어려움에 처하면 주변 사람들이 자발적으로 지원해 주고 도움의 손길을 건넨다. 지금 당신은 분명 이렇게 생각하고 있을 것이다.

'주변 사람이 어려움에 처한 사람에게 도움을 준다고? 완전히 말도 안 되는 헛소리에다 비현실적인 일이야'라고 말이다. 맞다. 인정한다. 물가는 점점 비싸지고 세금 부담이 못 견딜 정도로 어마어마하며 재산이나 수입의 불안정성이 판을 치고, 모든 것이 엄청나게 빠른 속도로 돌아가는 요즘 같은 세상에서 도움을 주는 일은 쉽지 않다.

그러나 가슴에 손을 얹고 생각해 보자. 우리가 지금까지 다른 사람을 도와준 적이 단 한 번도 없었는가? 버스킹을 하는 사람 앞에 놓인 팁 박스에 돈을 넣어 본 일이 없는가? 고민에 휩싸인 친구에게 조언을 해주거나 가족에게 도움을 준 일이 단 한 번도 없는가? 사람이 다른 사람을, 특히 가족과 친구를 절대 도와주지 않을 것이라고 생각하는 사람이 과연 누가 있을까? 그런 사람이야말로 딴 세상에 사는 사람이다.

작은 도시에서는 여전히 타인에 대한 배려가 넘친다. 사람들은 낮은 세금 부담과 저조한 물가 인상 덕분에 남을 돕는 데 필요한 돈 정도는 가지고 있다. 게다가 그들은 전혀 물질 중심적인 사고를 지니고 있지 않다. 화폐가치가 안정되어 있기 때문에 투자에 대한 관심도 적고 미래에 대한 불안감과 채권자에 대한 두려움 때문에 전 재산을 투자해 최대한 높은 수익을 낼 필요도 없다. 이런 이유로 비영리 수입투자가 매우 빈번하게 이루어진다. 산더미 같은 빚 때문에억지로 일할 수밖에 없는 상황으로 내몰리는 일도 없다. 무보수 명예직으로 일하기도 하고 다른 사람들을 도와줄 시간적 여유도 충분하다. 질투라는 것도 모른다. 질투와 물질적인 이익을 추구하는 행위는 위기 상황에 봉착한 타인에게 도움을 주는 행동을 가로막는다. 국왕 역시 사회보장 혜택을 제공하지 않아서, 도시 사람들은 이타적인 태도를 중요시 생각하고 있다.

국가 주도의 화폐가 초래한 침체기

이제부터는 아주 중요한 이야기를 할 것이다. 방금 말한 것처럼 작은 도시에서는 사람들이 거의 부채를 지지 않는다. 기껏해야 기업가들과 상인들이 자금을 조달하기 위해 대출하는 정도다. 당연히 도시의 전체적인 이자 부담도 높지 않다. 진부하게 표현하면 이자 부담이 낮으면 낮을수록 주전자 안의 압력도 낮아진다. 바로 이런 이유로 도시는 전혀 분주하게 돌아가지 않는다.

하지만 작은 도시의 사람들도 당연히 주어진 일을 완수해야 한다. 도시는 게으름뱅이들의 천국이 아니기 때문이다. 다만 사람들은 일하는 동안엔 급하게 서두르지 않으며 '더 빨리, 더 많이'라고 하지도 않는다. 이곳 사람들은 인생에서 일어나는 근사한 일들에 할애할 시간이 있다. 워라밸을 지키며 자주 휴식기를 가지고, 어린 자녀들을 돌보고, 심오한 사색과 내용이 알찬 대화를 나누면서 문화를 즐긴다. 여가와 스포츠 활동, 여행도 하면서 교육과 예의범절에 큰 가치를 둔다. 그뿐만 아니라 영적 체험을 위한 시간도 남겨둔다. 한마디로 작은 도시의 사람들은 여유와 행복, 만족이 가득한 삶을 살아간다.

그러던 어느 날 '존 로'라는 남자가 국왕을 방문한다. 맞다. 18세기 때 사상 최대의 지폐 거품을 야기했던 사람과 이름이 같다(물론 우리가 이야기한 사례의 인물과 줄거리는 창작의 산물이지만). 존 로의 방문은 마침 국왕에게 반가운 일이었다. 최근 몇몇 시민들이 국왕을 찾아와 자신들의 안전을 스스로 지키겠다고 제안해 왔던 것이다. 그것도 국왕보다 질적으로 뛰어나고 더 저렴한 비용으로 말이다. 국왕의 입장에서는 시민들이 서서히 위험한 존재로 변해가는 것처럼 느껴지는 상황이다. 시민들이 독립적이고 자립적이라면 군주라는 존재가 왜 필요하겠는가?

국왕은 이런 상황이 마음에 들지 않는다. 궁극적으로 그는 안전보장 서비스를 제공함으로써 매우 정당하게 돈을 벌어들인다. 만약 시민들이 더 이상 국왕에게 서비스를 요청하지 않으면 그의 수입 중 가장 큰 부분이 사라져 버릴 것이다. 이제 국왕에게는 자신의 존재를 정당화할 무언가가 필요해졌다. 즉 새로운 과제가 필요한 것이다. 그런 다음 새로운 과제를 제대로 수행할 수 있는 사람은 오직 국왕 자신뿐이라는 사실을 시민들의 머릿속에 주입해야 한다. 적어도 시민 스스로 과제를 수행하는 것보다 국왕이 하는 것이 더 낫다고 믿게 만들어야 한다. 이렇게 함으로써 국왕은 시민들을 더 의존적인 존재로 만들 수 있다.

그런데 이 모든 일을 어떻게 성사시킬 것인가? 새로운 과제를 수행하려면 많은 돈이 들어가는데 국왕에게는 그럴 돈이 없다. 거기에 수반되는 언론 홍보 비용과 교육 기획 비용은 말할 것도 없다. 고뇌에 빠진 국왕은 새로운 과제의 중요성을 강조하는 공식 라디오 방송을 계획한다. 그는 자신의 심복을 어린 시절부터 키우려는 목적으로 초등학교를 국유화하려고 한다. 그렇다면 세금을 인상해야 할까? 아니다. 아직은 그럴 때가 아니다. 국왕은 시민들의 세금 저항을 불러일으킬 엄두를 내지 못한다.

다행스럽게도 때마침 새로운 조언자가 그를 찾아왔다. 존 로는 국왕에게 금 보관창고 사업과 더불어 실제로 존재하는 금보다 많은 양의 보관증을 발행하는 것을 허용해 달라고 제안한다. 그러면서 추가로 발행되는 보관증은 통화량을 증가시키게 될 것이라고 말한다. 동시에 그는 이른 시일 안에 금이라는 '미개한 유물'을 내던지고 진보적인 화폐를 도입해야 한다고 조언한다. 화폐는 저렴한 비용으로 쉽게 양을 늘릴 수 있어 국왕에게 큰 이익을 가져다줄 것이라는 말도 덧붙이면서 말이다.

존 로는 계속해서 국왕에게 조언한다. "무에서 대출 자금을 만들어 내면 사람들은 더 이상 예전만큼 저축을 많이 할 필요가 없고 그들의 욕구를 즉각 충족시킬 수 있을 것이다. 통화량 증대를 통해 추가로 투자하는 데 필요한 자금을 충당할 수 있으며 일자리도 창출된다. 저렴한 이자가 경제에 활기를 불어넣을 것이고 국왕 본인도 대출받을 수 있다. 대출발은 돈으로 시민을 위한 다양한 복지정책 자금을 마련할 수 있을 것이다. 이 정책들은 사람들의 관심을 다른 곳으로 돌려놓을 수 있다. 이렇게 하면 시민들이 국왕에게 의존하도록 만들 수 있다"라고 말이다. 국왕의 입장에서 보았을 때 다른 것보다 훨씬 더 중요한 사실은 국민이 자신에게 의존하게 된다는 것일 테다.

그러나 국왕은 아직 존 로의 조언을 제대로 상상할 수 없다. 하지만 그에게는 선택의 여지도 없다. 존 로의 제안에 따라 금화를 모두 회수해 갓 찍어 낸 지폐로 교환한다. 금을 거래하거나 보유하면 처벌받는 법도 제정한다. 이후 화폐 인쇄기는 멈추지 않고 밤새 돌아갔으며 새로운 지폐가 널리 퍼져나갔다.

은행들은 이제 부분준비금 시스템 덕분에 무에서 돈을 만들어 유리한 조건으로 기업에 대출해 줄 수 있다. 마치 장벽이 무너져 내린 것처럼 일이 수순대로 착착 진행된다. 금리가 떨어지고 기업가들은 너도나도 새로운 대형 프로젝트를 시작한다. 경기가 호황을 이루자 임금, 주식, 부동산 등 거의 모든 것의 가격이 오르기 시작하면서 노동자와 기업가, 은행가, 주식투자자, 국왕 모두 만족하는 상황이 펼쳐진다. 그리고 사람들 모두가 그리 큰 노력을 기울이지 않아도 자신의 재산이 비약적으로 늘어날 것이라고 믿어 의심치 않는다. 대출 확대를 통해 인위적으로 발생한 호황기가 지속되는 동안 언론은 열정적으로 경제 호황을 찬양한다. 하지만 그러는 사이에 과거에 그토록 여유가 넘쳤던 작은 도시의 사람들은 육체적, 정신적으로 한계에 도달한다.

많은 사람이 외부에서 빌린 값싼 돈으로 무장해 무책임하게 행동한다. 새롭게 만들어진 돈으로 단기적인 투기 행위를 비롯해 신문 헤드라인을 장식하는 기록적인 기업 인수합병 자금을 조달한다. 거의 열병을 방불케 하는 축제 분위기와 엄청난 낙관론이 사방으로 확산된다. 사람들 눈에는 아주 짧은 시간 안에 막대한 이익을 얻는 것이 가능한 일처럼 보이고, 충분히 그럴 가치가 있는 일로 비친다. 이제 시대의 특징도 변한다. 더 이상 잘 살기 위해서 힘들게 일하고 절약하며 성실하게 생활할 필요가 없다. 화폐 시스템의 변화가 가져다준 뜨거운 대출의 열기 속에서는 단 몇 번의 주식 투자나 과감한 투자를 감행하면 하룻밤 사이에 부자가 될 수 있다.

그러나 행복도 잠시뿐 오래 지나지 않아 최악의 결말이

찾아온다. **투기와 투자 거품이 불가피하게 꺼지는 상황이 도래한다. 실질적으로 저축을 해서 새로운 투자 자금을 마련한 것이 아니라 새롭게 돈을 찍어서 자금을 마련했기 때문이다.** 경기 침체는 한 세대 전체를 곤혹스럽게 하면서 사람들의 사기를 꺾는다. 복지와 부가 처음 형성될 때 그랬던 것만큼이나 빠른 속도로 거품이 꺼진다. 갑작스럽게 찾아온 빈곤 속에서 유달리 혹독한 어려움을 겪게 된 사람들은 도덕적 원칙마저도 내던진다. 이제 작은 도시에서 되풀이되는 호황과 침체기는 사회적으로 치명적인 영향을 미친다. 정말로 놀라운 일이다. 그렇지 않은가? 누가 상상이나 했겠는가? 새로운 화폐 질서가 이 모든 일들을 초래할 수 있다는 것을 말이다.

바로 그 순간 국왕과 존 로가 사람들의 불행을 바라보며 숨죽여 웃는다. 경기 변동은 국왕에게 제대로 된 공격 포인트를 제공해 준다. 새로운 경제적 불안은 많은 사람의 생존을 위협하면서 지속적인 규제와 간섭에 필요한 연료가 될 것이기 때문이다. 국왕에게는 다시 새로운 과제가 생겨난다. 은행과 보험사를 규제하고, 실업자 지원 같은 국가적인 지원 시스템을 마련해 어려움에 처한 대기업을 구제하는 일이다. 익히 알다시피 그런 대기업의 사활에는 사람들의 수많은 일자리가 걸려 있다.

도시에 자리 잡은 치명적인 사이클은 제외한다 해도 국가가 만든 화폐는 그 자체로 이미 문화 충격처럼 작용한다. 기업은 비교적 빠른 속도로 민간 대출에 손을 뻗지만 일반 시민이 그곳에 접근하기까지는 상당한 시일이 걸린다. 그러나 물건과 서비스 가격이 멈추지 않고 상승하는 데다 (무에서 만들어진) 추가적인 자금으로 인해 금리가 낮아졌기 때문에 사람들은 생각을 바꾸기 시작한다. 과거와 다름없이 무언가를 장만하기 위해 저축을 하는 사람들은 이제 물건을 장만하는 데 필요한 돈을 모으는 속도보다 더 빠른 속도로 물건 가격이 오르는 것을 경험해야만 한다. 이와 달리 주저하지 않고 빚을 지는 사람들은 승자인 것처럼 보인다. 신중한 사람들이 아직 저축하고 있는 사이에 그들은 이미 집을 장만하고 온갖 물건을 산다. 그리고 그들 집과 물건의 가치는 지속적으로 상승한다.

우리의 어부는 느리고 신중한 부류에 속한다. 그는 그의 아버지, 할아버지, 증조할아버지가 그랬던 것처럼 돈을 모아 현금을 비축한다. 모범적인 시민인 그는 모아둔 금을 모두 내놓고 대가로 새로운 지폐를 받는다. 국왕은 계속해서 새로운 돈을 찍어 내고, 은행은 무에서 만든 돈으로 대출해 준다. 그 결과 물가는 여느 때처럼 지속적으로 떨어지는 것이 아니라 지속적으로 올라가기 시작한다.

　은퇴하려고 마음먹은 어부는 비록 자신이 산더미 같은 지폐를 가지고 있지만 그걸로는 생계를 해결할 수 없다는 사실을 깨닫게 된다. 이런 현실은 어부를 비롯해 그와 같은 세대인 수많은 사람들에게 트라우마 같은 경험으로 자리 잡는다. 성공적인 도시 사회가 지금까지 기반으로 삼아왔던 가치들이 어느 순간 흔들리고 의문시된다. 근검절약, 신중함, 장기적인 사고와 계획이 더 이상 가치를 지니지 못한다. 이제 어부는 그의 아버지, 할아버지가 그랬던 것처럼 당당하고 독립적인 자산가가 아니라 실질적으로 가진 게 아무것도 없는 빈털터리다. 이런 상황에서 국왕은 공적 연금 제도를 도입한다. 어부를 위한 매우 적절한 조치처럼 보이는 공적 연금제도는 분담원칙에 의거해 돌아간다. 현역으로 일하는 국민들이 국왕에게 분담금(세금)을 내면 국왕이 연금 수급자들에게 그 돈을 준다.

　어부의 자녀들은 가난한 아버지를 위해 자신들이 돈을

닐 필요가 없기 때문에 이 시스템을 크게 반긴다. 공동체가
그 일을 대신 수행해 준다. 어부의 자녀 중 하나는 아이를
갖지 않기로 결심한다. 굳이 왜 스트레스를 받으면서 살 것
인가? 궁극적으로 자녀 양육비는 부모가 고스란히 부담해
야 하지만 '이익'은 사회로 환수되어 모든 연금 수급자에게
분배된다. 자녀가 없는 사람들도 예외가 아니다. 도시의 출
생률이 크게 후퇴하는 이유는 바로 이런 사정에 있었다.

부를 불리는 대세 공식

새로운 화폐 질서가 도시의 사회 구조를 그대로 내버려둘
것으로 생각한다면 큰 오산이다. 현금 자산을 보유하는 건
점점 매력을 잃어갔고 이제는 저축해서 필요한 돈을 마련
한 다음에 부동산이나 주식 등의 자산들을 획득하는 것이
아니라, 일단 대출받아서 그 돈으로 자산을 먼저 구입한다.
이어서 물가가 지속적으로 상승하면서 대출로 인해 발생한
부채의 가치가 떨어진다.

　이렇게 획득한 자산들은 담보로 사용하기에 최적이다.
사람들은 이 자산을 담보로 제공한 뒤 또 대출을 받아 가격

이 오르기 전에 더 많은 물건을 구입한다. 이렇게 되자 실물자산이 과거, 즉 금이 화폐로 사용되던 시절보다 훨씬 더 매력적인 대상으로 변모한다. 이를 통해 실물자산의 가격은 다른 상품이나 서비스 가격, 특히 임금과 비교하면 더 큰 폭으로 오른다. 이로써 어부의 아버지가 집을 장만하기 위해 10년간 저축했다면 어부의 아들은 꼬박 20년간 일해야 가격이 오를 대로 오른 부동산을 구입할 수 있다.

저축해서 재산을 마련하는 데에 걸리는 시간이 점점 더 길어지며 사회적인 신분 상승도 어려워지기 시작한다. 부동산이나 주식 같은 다른 자산을 보유한 사람들은 유리한 위치에 선다. 자산 가격이 폭발적으로 상승하기 때문이다. 그리고 이미 실물자산을 보유하고 있는 사람들은 그것을 담보로 삼아 가격이 오르기 전에 더 많은 부동산과 주식을 더 구입할 수 있다. 반면 하위계층이나 중위계층은 이런 물건들과 자산을 손에 넣기가 점점 더 어려워진다. 새로운 화폐 질서는 사회를 분열시키며 많은 자산을 보유한 부자들과 자산을 보유하지 못한 가난한 사람들 두 계층의 갈등을 점점 심화시킨다.

지폐가 한 사회의 문화를 완전히 뒤집어 버린다는 사실

이 여전히 놀라운가? 새로운 화폐 질서가 확립된 사회에서 가격이 오르기 전에 대출을 받아 물건을 살 수 있는 사람들은 과연 누구인가? 이는 무자비한 경쟁이다. 물건과 자산을 구입하는 시기는 빠르면 빠를수록 좋다. 달리 표현하면 빚을 지는 시기가 빠를수록 좋다는 말이다. 사람들은 물건을 구입하기 위해 빚을 지고 그다음에는 쳇바퀴를 도는 햄스터처럼 빚의 굴레에서 허덕인다.

과거에는 사람들이 빚을 지는 상황을 불편해했지만 이제는 그런 불편함이 서서히 자취를 감춘다. 오히려 값싼 돈의 달콤한 유혹이 많은 사람들을 대출자로 만든다. 사람들은 자신과 같은 처지에 있는 사람들 사이에서 편안함을 느낀다. 요컨대 거의 모든 사람이 빚을 지고 있다.

그렇다면 기업가들은 무사할 수 있을까? 이미 우리는 되풀이되는 경기 변동 사이클이 사람들의 사기를 꺾어버리고 그들을 타락시킨다는 사실을 살펴봤다. 화폐 경제 속에서 기업가들의 태도 역시 근본적으로 바뀐다. 투자 자금과 대출 수단이 사방에 널려 있기 때문에 기업가들은 더 무분별하게 투자에 뛰어든다. 그들이 짊어진 부채의 규모는 그만큼 더 늘어난다. 이로써 금리가 낮아지는데도 그들이 지급해야 하는 이자 부담은 날이 갈수록 더 커진다. 앞서 말한 '주전자 안의 압력'이 점차 높아진다.

혹자는 문제의 핵심이 이자이므로 이자를 없애면 사람들이 이자 노예 신분에서(이자를 비판하는 사람들은 이렇게 부른다) 벗어나게 될 것이라고 생각한다. 그러나 이것은 완전히 잘못된 생각이다. 이자는 인간 존재의 표현이다. 우리가 인간이기 때문에 이자가 존재하는 것이다. 목표를 늦게 달성하는 것보다 빨리 달성하고자 하는 욕구는 본능이다. 인간들은 미래에 얻게 될 재화보다 지금 존재하는 재화를 선호한다. 예컨대 10년 후에 가질 수 있는 돈보다 현재 내 손안에 있는 돈을 더 좋아한다. 열망의 대상이 되는 현재의 재화(현재의 돈)를 갖는 대신 미래에 얻게 될 재화(10년 후에 가지게 될 돈)를 내어놓는 사람은 반드시 얼마간의 가격 할인을 감수해야 한다. 예를 들어 현재 8,000유로를 가지려면 미래에는 1만 유로를 지불해야 하는 것이다. 따라서 전문가의 입장으로 이자를 표현하면, 인간에게 내재된 고유한 행동 방식이라고 할 수 있다.

이자에는 시간 선호율이 고스란히 반영되어 있다. 사람들이 **장기적인 성향, 즉 미래에 더 많은 것을 얻기 위해서 현**

재 무언가를 포기하는 성향이라면 시간 선호율이 낮다고 말한다. 반면 소비지향적인 태도, 현재 무언가를 포기할 자세가 되어 있지 않으면 시간 선호율이 높다고 말한다. 시간 선호율이 높으면 높을수록 가격 할인의 폭은 더욱 커진다. 그리고 가격 할인의 배후에는 자연적인 이자가 숨겨져 있기 때문에 사람들이 사는 세상에서 이자를 몰아내는 것은 불가능하다.

이자를 금지하면 치명적인 결과가 초래될 것이다. 왜냐하면 시장 경제에서 대출은 중요한 조종 장치 기능을 수행하기 때문이다. 그것은 예금자들의 자금을 투자자들과 노동자들에게로 향하게 하는 한편 막대한 부가 증대될 수 있게 한다.

다시 우리의 작은 도시로 돌아가 보자. 자기 자본 혹은 저축해 둔 이익금으로 투자 자금을 마련하는 일은 시대에 뒤처진 일이 되었다. 대신 대출이 새로운 마법의 주문으로 자리 잡는다. 어부의 아들은 이 사실을 재빨리 파악한다. 그는 아버지의 낡은 원칙을 뒤로 하고 자신의 집을 장만할 때 돈을 빌렸던 은행에서 또 자금을 빌려 가족기업의 파산을 막는다. 이제 어부의 아들과 이웃들은 은행과 금융 산업에 점점 더 강하게 종속되어 간다. 무에서 돈을 만들어 낼 수 있는 특권 덕분에 은행과 금융 산업은 진정한 시장 경제의 조종자들이 된다. 그리고 이런 특권은 자석처럼 권력을 끌어당긴다.

기업가들은 이 자석을 향해 손을 뻗는다. 그들로서는 새로운 돈의 원천에 재빠르게 접근하는 일이 점점 더 중요해져 금융 산업과의 결합 관계가 사업 성공에 필수적인 요소로 자리 잡는다. 반면 견실함과 장기적인 사고, 소비자들을 위해 뛰어난 성능과 저렴한 가격으로 상품을 생산하는 재능은 뒤로 밀려난다.

새로운 화폐 질서 속의 국민들과 마찬가지로 여기서도 자산을 보유한 기업들이 유리하다. 기초가 탄탄한 대기업들은 혜택을 받지만 담보로 제공할 것이 거의 없는 소기업이나 아직 설립되지 않은 기업들은 불이익을 받는다. 지금은 대출이 필요한 시대이기 때문이다. 저축만으로는 기업을 설립하기에도 벅차다.

새로운 돈의 원천에 특히 가까이 다가가 있는 사람들은 바로 국왕의 친구들이다. 그들은 부지런히 새로운 은행과 대형 산업체를 설립한다. 새로 만들어진 돈으로 많은 문제를 해결할 수 있을 것이라는 믿음으로 유달리 대담하게 행동한다. 치솟는 자산 가격을 따라잡기 위해 많은 사람들이 빠른 시간 안에 많은 돈을 벌어들이는 데 혈안이 된다.

이제 작은 도시에서는 무자비하고 이기적이며 단기적으로 사고하는 매니저들과 마주하는 일이 빈번해진다. 예전에는 매니저들이 기업과 직원들을 자기 자신과 동일시했다. 때로는 몇 대를 걸쳐 내려오는 소유주에 대한 충성심과 결속감이 돈을 빨리 버는 것보다 더 중요했다. 현대에 차입매수Leveraged Buy-out라고 불리기도 하는, 부채를 이용한 기업 인수가 연이어 이뤄지고 있다. 심지어 소유주가 누구인지 아예 모르는 매니저들도 있다. 기업에 대한 장기적인 결속 관계가 점차 약해지는 것이다.

매니저들의 개인적인 부채 부담 또한 그들의 태도를 더 물질적으로 만드는 데 일조한다. 그들은 보수가 더 높은 곳을 찾아 예전보다 더 자주 회사를 옮겨 다닌다. 정직함, 건실함, 직원들에 대한 배려, 거시적인 안목 같은 기업가의 가치는 단기적이고 물질적인 이윤 추구의 뒤로 밀려난다. 어마어마한 보너스를 받을 수만 있다면 기업에 손실이 될 수 있는 일도 서슴지 않고 감행한다.

그럼 지금까지 존재감이 없던 국왕은 어떻게 되었을까? 새로운 화폐 질서가 그에게도 영향을 미쳤을까? 국왕 또한 부채를 지기 시작한다. 그는 존 로의 조언에 따라 시민들을 위한 다양한 사회복지 프로그램을 고안했다. 누군가가 실업자가 되거나 병에 걸릴 경우를 대비한 보험 제도 중 하나다. 또한 자녀를 출산한 엄마들도 양육 보조금을 지급받도록 제도를 마련했다. 국왕은 시민들이 자신에게 지불한 (아직은 낮은 수준의) 조세와 부채, 즉 새로 만들어 낸 돈으로 사회복지 프로그램에 들어가는 자금을 마련한다.

복지국가는 좋은 것이라는 착각

국왕은 매일 새로운 아이디어들을 생각하게 되고 이를 위해 전문가들로 구성된 위원회도 만든다. 이들은 모두 국왕에게 빵빵한 보수를 받아 챙긴다. 그 대가로 전문가들은 국왕에게 어떤 제도를 새롭게 도입할 수 있을지, 그것을 어떻게 조직하면 좋을지 계속해서 제안하게 된다. 세상을 자기 생각대로 만들어 나가는 것은 수많은 지식인의 꿈이다. 혹시 당신은 모두를 위한 최선이 무엇인지 알고 있는가? 국가가 만든 화폐 시스템은 전문가들에게 그런 자신감을 불러 일으키는 데 중요한 역할을 한다. 그러니 언론인, 비평가, 교사, 교수 등 누구도 현행 화폐 시스템에 의문을 제기하지 않는다고 한들 과연 누가 놀라겠는가?

국왕은 자신이 도입한 화폐 시스템이 양산한 불안정성과 불확실성의 덕을 톡톡히 본다. 상인들과 기업가들이 지게 되는 빚이 늘어나면서 그들이 경제적인 어려움에 처하는 일도 잦아진다. 특히 이자가 상승할 때 그렇다.

어려움에 처한 기업들, 특히 경기 침체기에 기업이 단행 하는 첫 번째 조치 중 하나는 직원들을 해고하는 것이다. 직원 해고는 과거에 사람들이 빚이 적거나 거의 없었을 때와 비교하면 훨씬 더 큰 문제로 작용한다. 대출 이자로 경제적 운신의 폭이 매우 좁아졌기 때문에 일시적으로 일자리를 잃는 것만으로도 가계는 빠른 속도로 어려움에 처하게 된 다. 대부분의 사람이 저축해 둔 돈에 의지하고 싶어도 그렇 게 할 수가 없다. 오래전에 이미 저축하는 습관을 버렸기 때 문이다. 그들은 경제적인 문제가 가족의 행복에 유익하게 작용하지 않으리라는 사실을 잘 알고 있다. 혼자서 모든 것 을(당연히 빚으로) 감당하다가 정확하게 반대의 상황이 펼쳐질 때 더욱더 그렇다.

그나마 긍정적인 사실은 국왕이 최근 들어 시민들의 관심사와 어려움에 많이 신경 쓰고 있다는 것이다. 시민들은 국왕을 믿고 의지하고 싶어 하며 진정으로 배려심이 깊은 군주가 항상 시민들을 위해 그 자리에 있다. 지금 우리가 빈정대는 것처럼 느껴진다면, 맞다. 궁극적으로 국왕이 의도하는 바가 바로 그것이다. 그는 자신과 자신이 제공하는 사회복지 혜택에 사람들을 종속시키려고 한다. 국왕의 계획은 순조롭게 진행된다. 국왕이 애초에 계획했던 대로 시민들은 자신의 안전을 스스로 보살피는 대신 국왕에게 통째로 양도해 버렸고 이젠 완전히 다른 걱정거리를 갖게 된다.

이제 작은 도시에서는 단기적인 사고와 계획이 만연하게 된다. 시간 선호율이 증가하며 저축이 줄어든다. 과거엔 위풍당당했던 경제 성장률이 지지부진해지고 볼품없이 줄어든다. 경제학자 한스 – 헤르만 호페Hans-Hermann Hoppe는 저서 《민주주의는 실패한 신인가Demokratie. Der Gott, der keiner ist》에서 현대에 시행되는 사회복지 프로그램이 초래한 결과에 대해 이렇게 말했다.

모든 형태의 정부 복지는 (…) 개인이 가족-생계 시스템의 일원이 되는 일의 가치를 떨어뜨린다. 가족-생계 시스템은 상호 간의 협동과 도움, 지원을 기초로 하는 광범위한 사회복지 시스템이다. 그러나 정부의 복지제도로 결혼이 가치를 상실했으며 부모가 자녀들을 훌륭하게 양육하고 교육하는 일의 가치와 중요성이 떨어졌다. 이에 아이들이 부모에게 갖는 존경심도 줄어들었다.

아주 보수적으로 들리는 말이지만 이쯤에서 잠시 곰곰이 생각해 보자. 가족 역시 빠듯한 자원이라는 자연법칙에서 비롯된 외부적 상황의 제약을 받는다. 아무리 국가라고 해도 이런 상황을 바꾸지는 못한다. 국가가 할 수 있는 건 사회복지 혜택을 이용해 그렇게 할 수 있다고 믿게 만드는 것뿐이다. 시민들은 그런 국가의 속임수에 농락당한다. 다시 말하지만 아무리 강한 국가라고 해도 없는 자원을 만들어 낼 수는 없다. 지금까지의 이야기로 당신도 이미 알겠지만 세금이든, 화폐를 만들어 내든, 시민들에게서 미리 빼앗아 두었던 돈을 풀 수 있을 뿐이다.

그럼 사회에서 이혼이 증가하는 이유는 무엇인가? 주변

을 둘러보면 누구도 포기하거나 양보할 생각이 없는 것처럼 보인다. 이기주의가 만연해지고 있다. 이렇게 되면 가족을 꾸리려는 사람들도 줄어들 것이다. 예전에는 자녀가 많으면 든든한 노후대책으로 간주되었지만 현대에는 오히려 빈곤에 빠질 수도 있는 위험신호로 바뀌었다. 자녀가 있다고 하더라도 부모들은 아이를 보육시설에 맡겨야 하는 상황이다. 네 아이의 엄마이자 언론인인 비르기트 켈레Birgit Kelle는 루트비히 폰 미제스 연구소와의 인터뷰에서 이렇게 말했다.

> 국가는 우리에게서 돈, 시간, 그리고 최근에는 우리의 아이들까지 빼앗아 갑니다. 그렇게 해놓고선 한껏 너그러운 모습으로 150가지가 넘는 다양한 가족정책을 들고 오지요. 하지만 그래봐야 국가가 과거에 우리에게서 먼저 빼앗은 것을 돌려주는 것에 불과합니다.

실제로 국가가 통제하는 화폐 시스템은 좋은 화폐에 익숙한 사회에(우리의 작은 도시처럼) 문화적 충격을 준다. 느긋하게 기다리면서 인생을 살아가는 대신 사람들은 일찍부터 부채의 노예 신세로 내몰린다. 그들은 빠르면 빠를수록, 많으면 많을수록 더 좋다는 모토에 근거해 살아간다. 사람들은 허덕이면서 훌쩍 뛰어오른 물가를 뒤쫓는다. 그리고 다시 대출을 받아 높아진 물가를 더욱더 위로 끌어올린다. 사회는 물질 중심주의적 풍조가 만연해지고 투자와 대출이 인생의 중심이 된다.

과거의 사람들은 금화를 현물로 저축했지만 **현대인은 위로 헤엄쳐가려면 빚을 지고 투자에 많은 시간을 할애해야 한다. 부채 경제에서 시간은 곧 돈**이기 때문에 여가, 문화, 스포츠, 가족을 위한 시간이 점점 줄어든다. 과거에는 근면 절약, 장기적인 안목처럼 안정성이 가치를 인정받고 높이 평가되었다. 오늘날에는 자산과 수입이 그렇다. 따라서 타인에게 종속되지 않으려면 최대한 신속하게 많은 돈을 벌어들여야 한다. 특히 국가에게서 금치산자가 되었다는 선고를 받거나 체포당하지 않으려면 말이다. 최근 들어 불안함에 사로잡힌 도시 시민들의 정신 질환이 늘어나고 있다. 이는 결코 놀라운 일이 아니다.

우리가 꼭 알아야 할 돈의 본질

작은 도시의 사례에서 한 세대 안에 진행된 일은 현실에선 지난 100년 동안에 걸쳐 일어난 일이다. 그리고 아직도 끝나지 않았다. 금본위제 파기와 부분준비금 시스템에 기초한 국가 화폐, 즉 실물을 기반으로 하지 않는 국가 화폐는 사람들의 태도를 지속적으로 변화시켰다.

인플레이션을 유발하는 화폐는 필연적으로 부채 경제를 초래했으며, 금융 산업과 모든 것을 제공해 주는 국가에 대한 국민의 종속성을 강화했다. 그리고 이 두 가지는 은밀하게 세력을 확장해 왔다. 부채의 노예라는 비참한 처지는 화폐로 지탱되는 복지국가 개념과 합세해 사람들의 기반을 뿌리째 뽑아버렸다. 사람들은 자신의 생계를 지원해 주는 국가에 종속되면서 이웃, 특히 가족으로부터 도움을 받지 못하고 있다. 사회적 유대 관계도 무너지고 있다. 사회를 결속시키던 윤리적 접착제가 끈기를 잃어버렸다.

가치와 규범은 주로 가정을 통해 전달된다. 그러나 나쁜 화폐와 복지국가라는 개념이 가정을 붕괴시키면서 도덕적 위기와 가치의 위기를 부추기고 있다. 한마디로 나쁜 화폐는 사람들을 점점 더 종속적이고, 미성숙하고, 비자립적이고, 경솔하고, 무자비하고, 이기적이고, 물질적이고, 가식적으로 만든다. 결국 사람들의 기반을 흔들고 사회적으로 고립시켜 스트레스와 우울증에 시달리게 한다.

7장

경제는 왜
흔들리는가

국가의 개입 행위를 사회가 안고 있는 경제적 문제를 해결할 제3의
해결책, 즉 사회주의와 자본주의의 '단점'은 배제하고 '장점'만 취합한
경제 질서로 간주하는 사람들은 철저히 헛다리를 짚고 있다.

— 루트비히 폰 미제스

결정권자들이 불러오는 후폭풍

화폐 시스템, 보건 시스템, 교육 시스템, 에너지 공급 시스템의 공통점은 무엇일까? 모두 확고하게 국가의 손안에 있다는 것이다. 대부분의 사람이 그 배경을 캐묻지 않을 뿐이다. 그럼 국가가 모든 사안에 개입하는 게 좋지 않은 이유는 무엇일까? 지금부터 그 이유를 알아보고자 한다. 우리는 국가가 어디에도 일절 개입하지 않는 것이 가장 좋다고 생각한다. 생각만 해도 끔찍한가? 그러나 우리 생각이 그렇게까지 틀리지는 않을 것이다. 정치인들이 어떤 법률이나 규범이 효력을 발휘하기가 무섭게 거듭 개선안을 내놓는다는 사실만 보더라도 알 수 있다. 만약 정치적인 결정과 법률이 정말 쓸모가 있다면 통과된 직후 또다시 수정할 필요는 없을 것이다. 이 외에도 다음의 사실을 유념하라. '개입'은 극도로 점잖은 표현이다. 실제로는 국가가 국민들이 스스로의 고유한 목표를 추구하도록 허용하지 않고 국가의 목표를 좇도록 하는 행동양식을 의미한다. 그것도 물리적 폭력을 가하겠다는 위협을 동원해서 말이다.

롤란트 바더는 정치인들의 과도한 활동 욕구에 대해 다음과 같이 설명했다. 그 누구도 정치활동을 이보다 적절하게 설명할 수는 없을 것이다.

> 정치인 집단은 반드시 무언가를 함으로써 존재의 정당성을 입증해야 한다. 그러나 그들이 하는 모든 일이 사실상 모든 것을 더 악화시키기 때문에 그들은 끊임없이 개혁할 수밖에 없다. 요컨대 그들은 무언가를 했기 때문에 무언가를 해야만 하는 것이다. 그들이 아무것도 하지 않았더라면, 그들은 아무것도 할 필요가 없을 것이다. 더 이상 아무것도 하지 않기 위해 자신들이 할 수 있는 일이 무엇인지 그들이 알기만 한다면 말이다.

어린 시절에 TV에서 〈말괄량이 삐삐〉 시리즈를 본 석 있는가? 원숭이, 말과 함께 살던 그 소녀 말이다. 삐삐는 이런 노래를 즐겨 부르고 다녔다. "나는 내 마음에 꼭 드는 세상을 만들 거야."

정치인들 역시 '사회적인 세상과 경제적인 세상을' 그들 마음에 드는 방식대로 만들 수 있다고 믿는 것 같다. 지칠 줄 모르는 정치인들의 활동 욕구와 경제에 대한 지속적 개입은 많은 사람에게 마치 그들이 실제로 그 일을 해낼 것 같은 인상을 심어준다. 하지만 이는 과대망상이다. 그런데도 많은 국민은 지금도 여전히 과대망상증 환자들이 하는 말에 신뢰를 보내고 있다. 우리는 이런 믿음과 망상을 없애고자 한다.

토르스텐 폴라이트는 2013년 〈하우프트슈타트브리프〉에서 정치인들의 의도를 정확하게 꼬집었다.

> 개입주의를 동원하면 자유시장이 지배할 때보다 더 나은 (시장) 성과를 달성할 수 있다는 견해가 개입주의 지지자들에게 힘을 실어준다. 그들은 개입주의를 동원하면 자유시장 (자본주의)과 사회주의(사유 재산의 국유화) 사이의 중도를 걸

을 수 있다는 의견을 내세운다. 요컨대 개입주의자들은 개입주의가 자본주의와 사회주의의 장점을 활용하는 동시에 단점을 제거할 수 있다고 주장한다.

개입주의자들의 주장을 간단히 정리하면 이렇다. "우리는 약간의 자본주의를 원한다. 우리 모두 조금씩은 탐욕적이기 때문이다. 그러나 우리는 근본적으로 겁 많은 토끼들이기 때문에 지나치게 많은 자본주의는 원하지 않는다." 솔직히 이런 방식이 가능한 걸까? 하지만 정치인들은 이를 토대로 근사한 사업계획을 만들었다. 내용은 이렇다. "일단 우리는 시장 경제를 허용한다. 그러나 만약 우리 마음에 들지 않는 어떠한 일이 일어나면 그 즉시 개입한다."

개입주의가 초래하는 결과를 알고 싶다면 우리가 안내하는 작은 도시로 다시 따라가 보자. 작은 도시에서는 그새 반갑지 않은 일들이 일어났다. 도시 주변에서 농부들이 키우는 젖소의 절반이 바이러스에 희생되고 말았고 그 결과 우유 공급이 부족해져 가격이 올라갔다. 사람들은 우유 가격의 상승에 분노하면서 국왕에게 달려가 조치를 취해달라며 하소연한다. 시민들에게 미움을 사고 싶지 않은 국왕은 우유 1리터에 최대 10분의 1금화유로(그 사이에 도시에서 사용되는 화폐에 이런 명칭이 붙었다)를 받을 수 있다는 법을 반포했다. 이로써 국왕은 시장 가격에도 못 미치는 수준에서 가격 상한선을 확정했다.

시민들은 만족했지만 농부들은 절망했다. 국왕이 확정한 가격으로 우유를 생산할 경우 대부분의 농부가 전혀 수익을 올리지 못하기 때문이다. 많은 농부가 보유하던 가축의 절반 정도를 잃었다. 이에 따라 남은 절반의 젖소가 먹는 사료도 절반으로 줄어들었다. 그런데도 농부들의 고정비용은 절반으로 줄어들지 않았다. 그 때문에 우유를 생산하는 몇몇 농부들은 우유 사업을 접기로 결심한다. 그들은 가족들이 먹을 만큼만 우유를 생산하거나 남은 젖소를 처분한다. 이로 인해 우유 공급량은 더욱 줄어들었고 우유 생산을 효율적으로 운용하는 소수의 농부만 계속 사업을 이어 나가게 되었다. 하지만 모든 시민에게 우유를 충분히 공급하기에는 우유가 턱 없이 부족하다. 결국 국왕은 첫 번째 법규에 이어서 두 번째로 "지금부터 모든 시민에게 하루에 우유 4분의 1리터만 제공한다"라는 결정을 내린다.

이렇게 되자 왕궁을 향해 저항의 행진이 이어진다. 사람들은 분노하면서 군주에게 행동을 촉구한다. 그러자 국왕은 개입의 나사를 한 번 더 죄면서 행동에 나선다. 국왕은 가축의 도살 행위를 일절 금지하는 한편 젖소를 개인 소비의 용도로 이용하는 것도 금지한다. 젖소를 보유한 사람들은 반드시 그 소를 우유 생산에 투입해야 하고 생산된 우유는 가격 상한선이나 그보다 낮은 가격으로 판매해야 한다. 이런 조치를 통해 단기적으로 우유 수급 부담이 경감되고 상점에 공급되는 우유도 늘어나게 된다.

그러나 농부들의 처지는 더 어려워진다. 그들은 거의 강압적으로 손해를 보도록 내몰리고 있다. 임금, 전기료, 농기구, 임대료 등으로 구성된 생산 비용이 판매 가격을 훌쩍 뛰어넘기 때문이다. 그 결과 젖소가 노쇠해 죽으면 더는 다른 소로 보충하지 못한다. 젖소 사육사들도 영업을 완전히 중단한다. 심지어 추가적인 손해를 방지하기 위해 몇몇 농부들이 자신들의 가축을 은밀하게 독살한다는 소문이 떠돌기도 한다.

우유 생산은 계속해서 내리막길을 걷는다. 국왕이 개입을 통해 이루고자 했던 상황과 정반대되는 일이 일어나고 말았다. 그러나 국왕은 쉽게 포기하지 않는다. 이때부터 그는 농부들의 생산 비용도 규제하기에 이른다. 이에 따라 농업 임금과 기계, 전기료와 임대료 상한선이 설정된다.

각종 법규로 인해 생산 비용이 인하되면서 농부들은 다시 우유를 생산해 이익을 볼 수 있게 된다. 우유 진열대가 다시 가득 찬다. 국왕은 자신이 개입함으로써 상황을 제대로 정리했다고 생각하며 긍지를 느낀다. 바로 그때 나쁜 소식이 전해진다. 농부들이 더 이상 일꾼들을 찾을 수가 없다는 것이다. 이는 농촌의 일꾼들이 무리를 지어 임금이 인위적으로 내려가지 않는 곳으로 옮겨갔기 때문이다. 이로써 농기구 생산이 중단되고 농사를 짓지 않은 채 농경지가 그대로 방치된다.

국왕은 잔뜩 화가 나서 정면 돌파를 시도한다. 그는 다른 산업 분야의 임금과 기계 산업의 생산 비용도 통제하고 농경지 경작을 명령한다. 국왕은 점진적으로 모든 가격을 규제하기에 이른다. 이러한 개입의 나사가 마지막까지 조여진다. 그렇다. 사회주의에 온 걸 환영한다.

국왕은 처음부터 우유 생산 체계를 행정부의 과제로 지정해 공무원들에게 우유의 생산과 유통을 관리하고 가격을 정하도록 할 수도 있었다. 간단하게 표현하자면 그는 우유 생산을 즉각적으로 국유화할 수도 있었다.

사회주의 체제에서 상품 공급이 얼마나 원활하게 이뤄지는지에 대해서는 옛 동독이나 소련에 살았던 사람들이 자세하게 얘기해 줄 수 있을 것이다. 사회주의를 몸소 체험하고 싶다면 다음 휴가를 북한에서 보내보라. 그곳에 가면 사회주의가 어떻게 돌아가는지 관찰할 수 있을 테니 말이다.

사회주의가 제대로 돌아가지 않는 이유는 단순하다. 사회주의 체제에서는 모든 재산이 국가의 소유이며 사유재산이 존재하지 않기 때문이다. 사회주의 체제 사람들의 표현에 따르면 모든 재산이 민중의 소유다. 사회주의 체제에서는 상품 공급이 소비자들의 수요에 의해 결정되지 않고 공무원들이 생산 품목을 결정한다. 어떤 상품을 얼마큼 제작할지 그리고 누가 그것을 받을지를 결정하는 것도 그들이다.

루트비히 폰 미제스는 1922년《사회주의Socialism》를 통해 사회주의 체제에서는 경제적인 계산이 불가능하다는 것을 입증했다. 기업은 경제적인 계산 혹은 비용 계산을 통해 이익과 손실을 파악한다. 이는 시장 경제에서 어마어마하게 중요한 일이다. 이익은 생산 요소들이 서로 조화롭게 조합되어 가치상승 효과를 발휘했음을 암시한다. 이 경우 생산된 물건의 판매 가격이 그 물건을 제작하는 데 필요한 생산 요소들을 합한 비용보다 비싸다. 반면 손실은 자원이 낭비되었음을 암시한다. 따라서 이 경우에는 자원들을 이용해 사람들이 절실하게 필요로 하는 물건을 생산하는 편이 차라리 나았을 것이다.

생산 요소의 공유는 사회주의의 본질이다. 각종 자원, 기계, 공장 등이 국가의 소유다. 따라서 교환 행위는 아예 존재하지 않는다. 이와 함께 자원, 기계, 공장에 대한 시장가격도 존재하지 않는다. 시장가격이 존재하지 않으면 경제적인 계산을 할 수 없고 사람들이 이익을 얻었는지 손실을 봤는지 알지 못한다. 그뿐만 아니라 가장 효과적이고 저렴한 생산방식이 어떤 것인지 계산조차 할 수 없다. 컴퓨터 칩에 들어가는 전도체로 어떤 것을 사용해야 할까? 철, 강철, 구리, 은, 금, 아니면 실리콘? 어떤 것을 사용해도 칩 속도는 동일하다. 사회주의 계획 입안자들은 캄캄한 어둠 속에 서있는 것이나 마찬가지다. 시장가격이 없는 상황에서는 자의적인 결정을 내릴 수밖에 없다.

모든 것은 국가의 개입에서 시작된다

다시 우리의 도시로 돌아가서 시민들이 국왕에게 높은 우유 가격에 대해 불평했던 순간을 떠올려 보자. 이번에 국왕은 다른 방식으로 반응한다. 그는 자신에게 조언해 줄 사람을 부른다. 국민경제에 정통한 조언자는 국왕의 입장에선 그리 달갑지 않은 조언을 준비해 왔다. 그는 국왕에게 간절한 어조로 개입하지 말 것과 어떤 경우에도 우유 가격의 상한선을 설정하지 말라고 조언한다. 미심쩍은 국왕은 다시 묻는다. "내게 아무것도 하지 말라고 권하는 조언자가 왜 필요한가?" 그러나 조언자는 국왕에게 자기 생각을 자세히 설명한다. 결국 국왕도 그의 생각에 동의한다. 그리하여 국왕은 이번엔 아무것도 하지 않는다.

사실 그는 아무것도 할 필요가 없다. 젖소가 많이 죽는 바람에 우유 가격이 크게 올랐다면 그건 지극히 정상적인 현상이다. 높은 우유 가격은 시장 참여자들에게 현재 우유가 부족하다는 사실과 우유에 대한 수요가 높아졌다는 사실을 보여준다. 그렇게 우유 농가의 수익이 상승하고 질투와 시기가 많은 사람들은 이를 보고 배 아파할 것이다. 그리고 농부들에게 "우리는 당신들의 값비싼 우유를 구입해야 하고 그 덕에 당신들은 통장 잔고를 빵빵하게 채우고 있다"라고 말할 것이다. 하지만 이런 상황이 지속될 것인지 지금부터 계속 지켜보자.

우유를 생산하는 몇몇 농부들은 더 많은 돈을 벌고 싶은 생각에 젖소를 추가로 들인다. 과거에 우유 생산에 전혀 관여하지 않았던 다른 농부들도 우유의 가격이 비싸다는 사실을 알아차리고 돈을 벌 수 있는 좋은 기회로 생각한다. 그들도 젖소를 사들여 우유 생산에 뛰어든다. 밀려드는 주문을 더 이상 감당하지 못하게 된 젖소 사육사들은 새롭고 보다 효율적인 사육 방법을 고안한다.

수익이 적어 안타깝게 도살될 예정이었던 젖소들은 신속하게 우유를 생산 용도로 '기능이 변화된다.' 높은 수익에 자극받은 발명가들은 풍부한 상상력을 발휘해 젖을 짤 때 발생하는 우유 손실을 줄여주는 새로운 펌프를 발명하는 데 성공한다. 소비자들 또한 이런 상황에 직면해 너도나도 어떻게 하면 우유가 부족한 상황을 극복할 수 있을지 고민한다. 그들은 우유 소비를 줄이고 대체품을 물색한다. 그 결과 이웃집 고양이들도 가격이 오른 우유를 대신해 물이나 염소젖을 얻어먹는다.

이 이야기가 어떻게 끝날지 짐작할 수 있을 것이다. 농부들의 축사에 젖소들이 많아지고 추가 생산자들이 시장으로 몰려들면 우유 생산량은 다시 늘어나게 된다. 동시에 우유 소비를 줄이고 대용품을 이용하는 소비자들 때문에 우유 가격도 내려간다.

당신도 두 눈으로 생생히 보았다. 자유시장에서는 사람들이 누구의 도움도 받지 않고 자체적으로 문제를 해결한다. 기업가 정신과 창의력을 발휘해서 말이다. 강요나 경찰, 군대, 법정, 감옥은 전혀 필요하지 않다. 국가의 간섭이 필요하지 않은 것이다. 그러나 처음에 시도되었던 국왕의 간섭은 앞서 본 바와 같이 오히려 역효과를 냈다.

자유시장에 형성된 경쟁 체제 속에서 기업가들은 자금과 자원을 가장 시급하게 요구되는 곳으로 투입하려고 경쟁한다. 기업가들의 판단이 옳을 경우 수익을 올리지만 그릇된 판단을 내리면 어마어마한 손실을 볼 수도 있다. 손실이 나면 자금과 자원이 낭비된다. 이런 실수는 궁극적으로 기업가들만 돈을 잃게 하는 것이 아니라 사회 전체를 가난하게 만들고 우리 모두에게 손해를 끼친다.

정치인들과 도덕의 사도들이 이따금 언론 매체에 등장해 손실을 봤다는 이유가 아닌 (지나치게 높은) 수익을 올렸다는 이유로 기업가들을 비판하는 것은 참으로 부조리한 일이다. 소비자의 입장에서 보면 그 반대가 되어야 마땅하다. **자유시장에서는 수익이 높으면 높을수록 좋다. 부족한 자원이 사람들의 욕구를 충족시키는 데 그만큼 효율적으로 투입되었다고 할 수 있기 때문이다.** 우리가 중요하게 생각하는 것도 바로 이 부분이다. 시장 경제에서 기업가들은 조타수, 즉 명령을 전달받는 부하에 불과하다. 조타수는 선장이 내릴 명령을 예상하면서 집중한다. 선장은 바로 소비자들이다. 소비자들은 시장에서 상품을 구입하거나 더는 구입하지 않음으로써 무엇을 어떤 방식으로 생산해야 할지 결정하는 장본인들이다.

독일만 해도 매일 수백만 명에 이르는 시장 참여자들이 국민경제와 관련해 무수한 결정들을 내린다. 독일은 그야말로 온 사방에서 뭇매를 맞고 있는 시장이다. 그런데 정치인들이 여러 개입 수단을 동원해 시장을 통제하려고 한다. 이런 행위는 프리드리히 하이에크가 언젠가 지적한 대로 '지식의 월권'과 다름없다. 심지어 우리는 이것을 과대망상으로 명명할 수도 있다.

정부나 관청이 시장에 개입하면 처음에는 골치 아픈 문제점이 해결될지도 모른다. 그러나 그 대신 우유의 사례에서 살펴본 것처럼 또 다른 문제가 생겨난다. 작은 도시에서는 가격 상한선 설정을 통해 몇몇 생산자들이 우유 사업을 접으면서 우유의 공급이 부족해지고 말았다. 이런 결과는 국왕이 의도한 바가 아니었다. 개입은 불가피하게 또 다른 개입을 부른다. 그리고 마지막에는 모든 것이 통제 대상이 되어버린다. 시장 경제는 이를 통해 점점 더 강도 높은 억압을 받게 되어 마침내 자생력까지 빼앗기게 된다.

로마 제국이 멸망한 원인은 무엇일까? 아마도 당신은 학교에서 로마가 점점 더 퇴폐적으로 변해가며 야만인들에게 정복당했다는 설명을 들었을 것이다. 그러나 미제스가 그의 저서 《국민경제》에서 분명하게 보여준 것처럼 그것은 로마가 멸망한 진짜 원인이 아니다. 진짜 원인은 정부의 개입이다. 좀 더 정확하게 말하면 복지국가가 개입의 악순환에 처음으로 시동을 걸었다. 그리고 나쁜 화폐 또한 명예롭지 못한 역할을 수행했다.

한 번도 들어본 적이 없는 이야기인가? 하지만 사실이다.

야만인들은 로마가 멸망하기 수백 년 전부터 이미 로마 국
경지대를 공격해 왔다. 강력하고 원기 왕성한 로마 제국은
가볍게 그들을 격퇴했다. 적어도 복지국가가 로마 사회를
파괴하기 전까지는 그랬다. 세월이 흐른 후 야만인들이 점
령한 것은 폐허에 불과했다.

로마 제국의 불행은 황제들이 추진한 '빵과 서커스Panem-
et-circenses' 전략과 함께 시작되었다. 그들은 '빵과 놀이'를 통
해 통치권의 기반이 되는 대중들의 사랑을 얻으려고 시도
했다. 그들은 검투사들을 이용해 전투 경기를 개최했고 곡
물 거래를 국유화했다. 이것이 이른바 식량 분배제도인 '안
노나Annona'다.

황제들은 막대한 보조금을 투입해 아주 낮은 가격이나
무상으로 로마에 곡물을 유통했다. 국가가 대주는 돈으로
먹고사는 사람들이 점점 더 늘어났다. 무산자Proles, 즉 프롤
레타리아트Proletariat가 바로 그들이었다. 그들은 안노나에
의존했다. 현대의 관점에서 말하자면 사회보장제도로 먹고
살았다고 말할 수 있다. 또한 황제들은 대중을 평정할 목적
에서 검투사들의 전투 경기를 개최했다. 다시 말해 황제들
이 복지국가를 건설한 것이다. 그러나 이 복지국가를 건설

하는 데는 막대한 비용이 들어갔고 시간이 지날수록 비용이 점차 증가했다.

황제들은 비용을 어떻게 충당했을까? 공물과 세금을 크게 올리지 않고도 그 돈을 마련하는 가능한 일이었을까? 황제들은 천재적인 아이디어를 떠올렸다. 무엇인지 짐작이 가는가? 맞다. 그들은 화폐제도를 조작했다. 좀 더 정확하게 말하면 그들은 귀금속으로 만들어진 낡은 동전을 한데 녹인 다음 거기에 구리 같은 값싼 금속을 혼합해 동전을 새롭게 주조함으로써 동전의 질을 떨어뜨렸다. 그들은 이런 식으로 동전의 수를 늘려 지출을 감당했다. 그 결과 앞에서 이미 언급한 일, '재분배'가 이뤄졌다. 새로운 (가치가 떨어진) 돈의 첫 번째 수혜자인 국가가 마지막으로 그 돈을 손에 넣은 사람들을 희생시켜 이익을 얻었다.

이러한 인플레이션 정책의 결과로 물가가 오르자 프롤레타리아들이 동요하기 시작했다. 황제들은 대응책으로 식료품에 가격 상한선을 설정했고 개입의 나사를 가차 없이 조였다. 가격 상한선 설정으로 인해 결과적으로 많은 농부들이 농작물을 생산해도 더 이상 수익을 올릴 수 없는 처지로 내몰렸다. 과거에 시장과 특히 도시 시민들을 위해 농작물을 생산했던 농부들도 상거래 활동을 중단했다. 일부 농부들은 농작물 생산을 본인이 소비할 용도로만 국한했고 또 다른 농부들은 로마로 이주했다. 로마에 가면 무료로 곡식을 얻을 수 있는데 굳이 왜 손해를 보면서 농작물을 생산하겠는가?

프롤레타리아와 더불어 로마의 규모는 점점 더 커졌고 복지국가의 비용도 기하급수적으로 늘어났다. 과거에 광범위하게 형성된 분업 체계, 즉 지중해 지역 전체에 걸쳐서 이루어졌던 농촌 인구와 도시 시민들 간의 활발한 교역 활동도 무너졌다. 그 대신 고되기 짝이 없는 자급자족이 대세로 자리 잡았다.

복지국가, 인플레이션, 그리고 개입주의가 로마의 시장경제를 붕괴시켰다. 시장 경제가 붕괴되어 군대를 유지할 자금까지 부족해졌다. 이 틈을 타서 야만인들이 침입해 한때 번영했던 제국의 잔재를 점령했다. 로마 제국은 기원후 5세기에 최종적으로 멸망했다. 이후 분업과 시장 경제를 대신해 봉건제가 성립되었고 이와 함께 길고 고통스러운 경제 쇠퇴기가 시작되었다.

문명이 계속해서 앞으로 나아가고 생활 수준이 지속적으

로 개선되는 것은 결코 자연의 법칙이 아니다. 사유재산, 개인의 자유, 좋은 화폐 등과 같은 올바른 기본 조건들이 갖춰져 있지 않으면 문명과 생활 수준은 내리막길을 걸을 수도 있다.

피터 테민Peter Temin은 저서《로마 시장 경제The Roman Market Economy》에서 로마 제국의 쇠퇴와 더불어 1인당 평균 수입이 큰 폭으로 떨어졌다고 평가한다. 그것도 오랜 기간 지속적으로 말이다. 그의 견해에 따르면 1700년경 근대 무렵에야 비로소 고대 로마 제국의 생활 수준을 되찾게 되었다고 한다. 인플레이션과 개입주의를 통해 자금을 충당한 복지 국가 덕분에 사람들은 무려 1,000년이 넘는 시간 동안 고대 로마인들보다 가난한 삶을 살았다.

만약 1,000년에 걸친 휴지기가 없었더라면 오늘날의 우리는 어디쯤 가 있을까? 고대인들이 계속해서 자본 축적과 분업으로 발전을 이어 나갔더라면 어떻게 되었을까? 18세기 초에 일어난 산업혁명에서부터 최초의 달 비행까지는 약 200년의 세월이 걸렸다. 공평하고 객관적으로 생각해 보라. 개입주의가 유발한 문명의 단절이 없었더라면, 그래서 1,000년이 넘는 시간을 잃어버리지 않았더라면, 아마도 우리는 기원후 700년 혹은 1000년에 이미 달에 가 있었을 것이다. 그리고 이후에는 공상과학 소설에 나올 법한 환경에서 살게 되었을지도 모른다. 하지만 지금은 한낱 꿈에 불과한 상상이다.

우리에게는 현 상황을 비교해 볼 구체적이고 명확한 대상이 없다. 우리는 그저 세계 각국이 금본위제를 파괴하지 않았더라면 그리고 금본위제를 지폐 체제로 대체하지 않았더라면 현대에 우리의 문명이 얼마나 찬란하고 부유할지 짐작만 할 수 있을 따름이다. 또한 오늘날 펼쳐진 규제와 세금이라는 두꺼운 그물이 없다면 우리의 문명이 얼마나 생동감 있게 약동할지 그저 상상만 할 수 있을 뿐이다.

구동독 시절의 사람들은 어쩌면 비교할 수 있었을지도 모르겠다. 그들은 베를린 장벽 너머를 바라보면서 과잉을 목격했다. 자신들의 상황과 비교하며 경악했고 분노했다. 그들은 곧 시스템에 저항했고 결국 장벽이 무너졌다. 요즘엔 저항하는 사람들을 거의 찾아볼 수 없다. 이제는 우리가 들여다보고 비교해 볼 평행 사회가 존재하지 않기 때문이다. 다시 말하면 지폐와 복지국가, 그리고 각종 규제 없이도 우리가 얼마나 편안하게 살아갈 수 있을지 보여주는 사회가 존재하지 않는다.

현재 우리의 빈곤은 (아직) 절대적인 빈곤이 아니다. 생활 수준이 후퇴하지 않고 있고 빈곤은 상대적인 것에 불과하다. 국가적 개입이 없는 좋은 화폐를 가진 세계와 비교했을 때 그렇다는 말이다. 만약 이런 허구적인 세계와의 비교(구동독 시민들의 눈앞에 펼쳐졌던 것과 같은 비교)가 가능하다면 사람들은 당장 장벽을 넘어 유럽중앙은행으로 몰려가고 연방의회를 부술 것이다.

비록 아직은 생활 수준이 절대적으로 떨어지지 않았지만 오늘날의 상황과 로마 제국 멸망 사이에 존재하는 유사점은 놀랍고도 위협적인 수준이다. 빵과 놀이(예컨대 선거 캠페인)에 들어가는 비용은 지금도 마찬가지로 어마어마하게 높아서 더 이상 비용을 충당하기가 불가능할 정도다. 그렇게 나쁜 화폐와 인플레이션이 우리의 생활 기반을 서서히 파괴하고 개입주의도 또다시 사방으로 퍼지고 있다.

이제는 국가와 정부가 개입하지 않는 사안이 거의 없다. 각종 개입과 규정, 법률, 규범 등으로 인해 사람들은 규제가 존재하지 않는 상황에서 했을 법한 행동을 하지 못하게 되었다. 이런 일은 날이 갈수록 빈번해지고 있다. 예를 들어 어떤 기업가가 투자 계획을 수립했다고 가정했을 때, 법적 최저임금 규정 때문에 투자 수익이 창출되지 않는다고 한다면 그는 투자 계획을 포기하고 말 것이다. 이렇게 되면 당연히 일자리도 생겨나지 않는다. 그러나 누구도 이에 대해서는 일언반구도 하지 않는다. 왜냐하면 아직 일자리가 창출되지 않았고 눈에 보이지도 않기 때문이다.

괴물이 되어버린 금융시장

이제 많은 사람에게 아주 민감한 주제인 법적 최저임금에 대해 다뤄보려고 한다. 우리가 다룰 사례는 얼마나 다양한 국가적 개입이 한데 얽혀 있는지 여실히 보여준다. 너무 복잡하게 뒤엉켜 있기 때문에 문외한이라면 이들 간의 관계를 이해하는 것은 고사하고 그런 관계가 존재한다는 사실도 알지 못한다.

3장과 5장에서 다룬 내용을 떠올려 보길 바란다. 우리는 통화량 확장을 통해 수입과 자산이 저소득 계층에서 고소득 계층으로 재분배되는 과정을 상세하게 설명했다. 통화량 확장과 인위적인 금리 인하는 화폐제도에 대한 개입이

자 간섭이다(화폐제도의 국유화 자체가 이미 간섭임을 의미한다). 화폐제도에 대한 개입으로 어떤 사람들은 더 가난해지지만, 어떤 사람들은 더 부유해진다. 전체적인 경향을 보면 물가가 인상되었을 때 하위계층과 중위계층은 더욱 가난해지고 새로운 돈을 간단하게 손에 넣을 수 있는 부자들은 점점 더 부유해진다.

소득 하위계층은 시간이 흐를수록 살 수 있는 물건들이 줄어든다. 인플레이션으로 인해 그들이 벌어들이는 돈의 구매력이 명목상 임금 상승을 통해 임금이 늘어나는 속도보다 더 빨리 사라져 버리기 때문이다. 바로 이때 정치인들과 노동조합, 그밖에 다른 선한 의도를 가진 사람들이 무대 위로 등장해 본인의 임금으로는 더 이상 생계를 꾸려갈 수 없는 사람들을 대신해 법적 최저임금을 요구한다.

이런 사람들이 언론에 등장하는 모습을 한번 관심 있게 살펴보길 바란다. 그들이 얼마나 자신감에 가득 차서 마이크에 대고 이야기하는지, 언제나 어떤 조치를 취해야 할지 그들이 얼마나 정확하게 알고 있는지를 들어보라. 이런 사람들은 대부분 "우리는 반드시"라는 식으로 말문을 연다. '반드시'라는 말에는 무해한 느낌이 있다. 하지만 그들이 말하는 '반드시'에는 문제를 해결하기 위해선 국가의 강요, 즉 물리적인 폭력이나 위협이 동원되어야 한다는 의미가 있다. 또한 명령을 따르지 않을 경우 경찰을 투입하고 감옥에 감금하겠다는 의미도 포함한다. 단 한 번이라도 자발적인 합의와 계약에 따른 협력을 시도하지 않는 이유는 무엇인가? 왜 늘 강요하는 것인가? 전문가라고 소개된 사람 중에 '인플레이션'이라는 개입이 자신들이 퇴치하고자 하는 악의 유발인자라는 것을 아는 사람이 단 한 명도 없다는 것이 말이 되는가?

이 자리에서 분명하게 묻고 싶다. 그게 정말 가능한 일인가? 무에서 돈을 창조하는 행위 혹은 인위적으로 끌어내린 금리 같은 주제들이 문제의 원인을 모색하는 모든 토론에서 완벽하게 배제된다는 사실을 알게 되면 당신도 미심쩍은 생각이 들 것이다. 어쨌든 모든 '전문가들'은 다음 사실에 동의한다. "우리는 반드시 무언가 조치를 취해야만 한다. 그리고 국가는 국민들이 그들의 손으로 일해서 먹고살 수 있도록 만들어줘야 한다."

통화량 확장과 저금리 정책이라는 개입에 이어서 법적 최저임금이라는 형태의 개입이 다음 수순으로 뒤를 잇는다. 하지만 이런 개입은 누구도 원하지 않는 결과를 초래한다. 바로 실업이다. 믿지 못하겠다면 주목해 보자. **최저임금이 시장임금보다 높으면 자동으로 노동력에 대한 수요가 줄어든다. 경제학에서는 최저임금을 최저가격으로 부른다.** 이는 최대 가격의 반대말이며 가격 하한선을 의미한다.

다시 우유 가격을 예로 들어보자. 농부들이 국가에게서 우유 1리터당 2금화유로를 최저가격으로 보장받는다면 농부들은 미친 듯이 우유를 생산할 것이고 그럼 과잉 생산으로 판매되지 않는 우유의 양이 어마어마하게 넘칠 것이다. 그러나 우유에 대한 수요는 감소한다. 최저임금도 마찬가지다. 초과근무를 하는 사람들이 점점 더 늘어날 것이다. 예전 같았으면 자녀들을 돌보거나 문화 활동을 하는 등 다른 여가에 몰두했을 시간에 초과근무를 하는 것이다. 동시에 노동력에 대한 수요가 줄어들고 그 결과 대량의 실업자가 발생한다.

최저임금이 10유로가 적정하다면, 100유로나 1,000유로면 안 될 이유라도 있는가? 만약 시간당 최저임금이 1만 유로로 책정된다면 어떤 일이 일어날까? 대규모 실업 사태가 발생하고, 크리스티아누 호날두와 메시 두 사람만 공을 차게 될 것이다.

일반적으로 최저임금은 그보다 훨씬 낮은 수준이다. 그리고 최저임금에 미치지 못할 정도로 생산 능력이 저조한 사람들만 노동 시장에서 방출되기 때문에 실제로 이런 입장에 처하는 사람들은 극소수에 불과하다. 하지만 그런 사람들(능력이 저조해 낮은 임금을 받을 수밖에 없는 사람들)이야말로 최저임금으로 도움을 줘야 할 사람들이다.

그러나 법적 최저임금을 책정한 데 이어 실업 사태가 발생한다면 그리 오래지 않아 정치인들이 그다음 개입 조치를 예의주시할 것이다. 이쯤 되면 실업자들을 위한 재교육을 비롯해 다른 자질을 함양할 수 있도록 돕는 조치들이 필수적이라는 요구가 제기된다. 모든 정치인의 입에서는 "기회균등이 반드시 실현되어야 하며, 교육의 기회가 개선되어야 한다. 유년기 교육에서부터 이미 시작되어야 한다. 우리에게는 더 많은 (국가 지원) 보육시설과 종일제 학교가 필요하다. 부모들은 더 이상 양육 활동을 할 수 없다"라는 외침이 터져 나올 것이다.

그들이 이렇게 외치는 이유는 첫째, 그들의 교육 수준이 함량 미달이기 때문이고(당연히 이런 사실을 공개적으로 밝히지는 않는다) 둘째, 시간상 도저히 그렇게 할 수가 없기 때문이다. 이렇게 되면 앞에서 이미 다뤘듯 가정생활 역시 점점 더 국가의 영향력 아래에 놓이게 된다.

이제 국가의 개입에 관해 좀 더 자세히 알아보도록 하겠다. 장담컨대 앞으로 몇 년 동안 우리는 분명 이 문제에 몰두하게 될 것이다. 요컨대 국가가 관리하는 에너지 전환 또한 국가 개입의 사례라고 할 수 있다. 이 또한 사람들 사이에서 민감한 주제다. 공개적으로 그린 에너지에 반대하는 목소리를 내보라. 맹렬한 분노의 폭풍이 당신을 향해 불어닥칠 것이다. 그러니 비판의 목소리를 내려면 바람이 완전히 잦아들 때 하는 것이 좋다. 적어도 바람이 불지 않으면 가만히 서 있을 수밖에 없는 수많은 풍력발전기가 이때 불어오는 폭풍의 덕을 볼 수 있을 테니 말이다. 하지만 강력한 폭풍이 찾아오면 풍력발전기 전원도 차단해야 한다.

전기요금 영수증을 들여다보면 에너지 공급에 대한 국가의 개입이 어떤 결과를 초래하는지 알 수 있다. 그것은 시장경제와는 더 이상 아무런 관련이 없다. 당신은 어쩌면 국가의 망상을 지원해 줄 수 있을지도 모른다. 하지만 독신 여성 연금 수급자나 수입이 적은 사람들은 그렇게 할 수 없다.

이웃 나라 오스트리아 사람들은 독일 사람들의 모습에 폭소를 터뜨린다. 태양이 밝게 비추는 가운데 지속적으로 불어오는 바람이 독일 전역을 어루만지고 전력거래소에서 거래되는 전기 가격이 엉망이 될 때면 그들은 배꼽을 잡고 웃는다. 그런 순간이 찾아오면 오스트리아 사람들은 값비싸게 생산한 독일의 전기를 헐값에 구입해 그걸로 인공호에 있는 물을 펌프질해서 자체적으로 값싼 전기를 생산한다. 전기가 필요한 바로 그 순간에 말이다.

'개입 후는 곧 개입 전을 의미한다.' 이는 토르스텐 폴라이트가 개입주의를 다룬 그의 기고문에 붙인 제목이다. 국가는 국가의 개입으로 인해 초래된 결과를 또 다른 개입을 통해 완화하려고 시도한다. 예컨대 반네 - 아이켈에 사는 어느 독신 여성 연금 수급자가 더 이상 전기요금을 지불하지 못하는 사태가 발생한다. 바이에른주에 있는 한 대지주의 들판에 메가톤급 태양열 설비를 건설하는 데 필요한 자금을 공동으로 충당해야 하기 때문이다. 그러나 다행히도 국제기구 카리타스와 에너지 기후 보호 단체가 주축이 된 슈트롬슈파 - 체크Stromspar-Check(저소득층의 에너지 소비 절감을 위한 전기 절약 - 점검 운동)가 있다. 독신 여성은 그런 근사한 것이 존재한다는 사실에 기뻐할 것이다. 그러나 이런 기구나 단체가 없다면 그녀는 어둠 속에 우두커니 앉아 있어야 할 것이다. 여기서 문제는 이 운동이 독일 환경부의 지원을 받는다는 사실이다.

전기 절약 시민운동단체의 온라인 홈페이지에 방문하면 그밖에 또 어떤 것이 향후 독일 사람들을 위협하게 될지 알아낼 수 있다. 슈트롬슈파-체크 운동은 자립을 돕는 수단으로 에너지 소외 지대에 있는 사람들을 돕는다. 자격요건을 갖춘 가정의 요청에 따라 슈트롬슈파 도우미들이 해당 가정에 방문해 에너지 소비와 물 소비를 조사한다. 그런 다음 개개인의 상황에 맞추어 에너지 절감 장치를 무료로 장착하고 사용 방식과 효율적인 에너지 소비 태도에 대해 조언한다. 슈트롬슈파 도우미들은 마치 크리스마스 선물 꾸러미처럼 에너지 절감 램프, TV 전원 차단기, On-Off 기능이 장착된 멀티탭도 무료로 설치해 준다.

좋은 일을 하는 슈트롬슈파 도우미들을 비난하려는 게 아니다. 거대한 태양광 시설을 보유하고 있는 바이에른 대지주들을 비난할 생각도 없다. 그들은 지극히 합리적으로 행동하고 있을 따름이다. 문제는 국가의 보조금이 이곳으로 흘러 들어간다는 것이다. 보조금에는 당신의 돈도 포함되어 있다. 당신에게서 빼앗은 돈, 당신이 자신의 목적을 달성하기 위해 사용할 수도 있었을 그 돈 말이다. 장기간에 걸쳐 그 돈을 모으면 목돈이 될 수 있었을 것이다. 이따금 배우자에게 근사한 선물을 하고, 자녀 교육을 위해 그 돈을 따로 비축할 수도 있을 것이다.

국가의 개입은 자본과 자원이 가장 필요한 곳에 투입되지 못하도록 하는 결과를 낳는다. 이런 일이 일어나지 않으려면 자유시장에 간섭하지 않는 것이 최선이다.

현대에는 더욱 고차원적인 목표들이 중요하게 여겨지기 때문에 우리처럼 말하고 우리처럼 글을 쓰는 사람들은 비웃음거리가 되지 않도록 주의를 기울여야 한다. 고차원적인 목표를 설정하는 사람들이 바로 정치인들과 각종 노동조합, 그리고 수많은 이익단체를 대변하는 사람들이기 때문이다.

루트비히 폰 미제스는 일찌감치 이런 사실을 간파했다. 1944년에 그는 저서 《관료제Bureaucracy》에서 다음과 같이 설명했다.

우리는 전체적으로 이윤 추구를 공격하는 시대에 살고 있
다. 여론은 이윤을 추구하는 행위를 비도덕적이고 공동체에
아주 유해한 행위로 간주한다. 정당과 정부는 이윤 추구를
제거하고(그들의 말에 따르면) '봉사하는 자세'로 그것을 대체
하려고 열을 올린다. 실제로 그것은 관료주의적인 경제활동
을 의미한다.

경제활동에 대한 국가의 개입이 증가하면서 시장 참여자
들이 가지고 있는 중요한 동기, 즉 이윤 추구라는 동기가 점
차 약해지고 있다. 사람들은 정부의 간섭이 없을 때 취할 법
한 태도와는 다른 태도를 취한다. 결국 국가의 개입이 모든
것을 뒤덮어 사방이 우거진 덤불처럼 변해 버린다. 덤불은
너무 울창한 나머지 다양한 개입 간의 관계를 더 이상 인식
할 수 없게 만든다. 그것을 꿰뚫어 볼 능력이 전무한 국민들
은 이른바 전문가들의 손에 속수무책으로 내맡겨져 있다.

전문가들은 그들이 원하는 대로 사람들을 자유자재로 조
종할 수 있다. 자유경제는 개입이라는 눈사태에 말 그대로
파묻혀버렸다. 이 전문가들은 대부분 경제학자들이다. 실
제로 국립대학들은 국민경제학과를 만들어 개입주의 전문

가를 양성하고 있다. 학생들은 시장이 당연히 해야 할 일을 하지 않는 이유와 국가 권력을 이용해 시장이 도약할 수 있도록 돕는 방법을 배운다. 그런 다음 이 전문가들은 감독관청이나 부득이하게 각종 규제와 맞서 싸워야 하는 기업에 자리 잡는다. 예를 들어 화폐이론을 전공한 학생들은 중앙은행에 일자리를 얻게 될 가능성이 높다. 그들은 대학에서 화폐 시스템이 유익하다는 사실과 통화량 및 금리정책을 통해 경제를 가장 효율적으로 운용하는 방법을 배웠다.

다시 말하지만 국가가 관리하는 화폐와 다른 개입 조치들이 없다면 국민경제학자들 대부분이 불필요한 존재가 될 것이다. 따라서 대부분의 경제학자들이 최소한 특정한 경우에 있어서는 국가의 개입을 지지하고, 중앙은행과 국가의 화폐를 신이 내린 것으로 받아들이는 게 결코 놀라운 일이 아니다. 그들의 일자리가 바로 거기에 달려 있기 때문이다. 사람이란 무릇 자신을 먹여 살리는 사람의 편을 들기 마련이다. 물론 당신도 이미 알아차렸겠지만 당연히 예외도있다.

개입의 눈사태로 다시 돌아가 보자. 수많은 개입의 시초에는 화폐제도에 대한 국가의 주제넘은 개입이 자리 잡고 있다. 이에 대해 구소련의 정치가이자 혁명가였던 레닌Lenin, 1870~1924은 "시민사회를 파괴하기 위해서는 반드시 그 사회의 화폐제도를 파괴해야 한다"라고 말했다.

레닌이 지금 펼쳐진 상황을 본다면 아주 즐거워할 것이다. 자유주의 성향의 잡지 〈슈바이처 모나트Schweizer Monat〉의 발행인 르네 쇼이René Scheu는 현재의 경제 형태를 가리켜 반半사회주의Semisocialism로 명명했다. 자유시장 경제로 돌아가는 길을 찾지 않고 계속해서 개입의 오솔길을 따라간다면 국가의 개입과 조종 행위가 점점 늘어나다가 결국 완전한 사회주의로 귀결되고 말 것이다.

앞서 사례에서 본 것처럼 작은 도시의 국왕은 우유 가격을 통제하는 선에서 멈추지 못했다. 가격 통제를 다시 철폐하고 문제 해결을 시장에 맡겨야 했지만, 그는 그렇게 하지 않았고 연이어 개입 조치에 손을 뻗었다. 국가가 계속 이런 식으로 나가면 시민들이 가격 통제 조치를 제대로 준수하는지 국왕이 직접 감시하는 지경까지 이를 수도 있다. 시민들 역시 더 비싼 가격을 치르고서라도 필요한 우유를 손에 넣으려고 할 테고 수요가 몰려 암시장까지 생길 것이다. 국왕은 암시장을 무슨 수로 막을 것인가? 물론 처벌하겠다고 위협하면서 적발된 사람을 실제로 처벌할 수도 있다. 어쩌면 암 거래상의 정체를 폭로하고 혐의를 입증하기 위해 국민에게 스파이 활동을 시킬지도 모른다. 어딘지 익숙한 이야기 같지 않은가? 베를린 장벽이 무너지기 전인 1989년까지 실제로 구동독에는 이러한 체제가 자리 잡고 있었다.

이런 딜레마에 대한 책임은 당연히 다른 사람들에게도 있다. 예컨대 암시장을 이용하는 욕심 많은 농부가 그런 사람들이다. 그런데 구동독의 경우를 살펴보면 그곳의 암시장은 물자 부족을 해결하는 데 도움이 되었을 뿐만 아니라 사람들을 궁핍하게 만드는 국가의 규제를 회피할 수 있는 하나의 가능성이었다. 암시장은 골칫거리가 아니라 오히려 문제 해결책이었다. 동유럽에 제대로 굴러가는 암시장이 없었더라면 사회주의와 공산주의는 훨씬 더 일찍 붕괴되었을 것이다.

이제 위의 내용을 금융위기와 유로위기로 옮겨보자. 정치인들의 말에 따르면 경제적 위기를 불러일으킨 장본인은 탐욕스러운 투기꾼들과 은행가들이다. 전 독일 대통령 호르스트 쾰러Horst Köhler는 2008년 〈슈테른Stern〉과의 인터뷰에서 "금융시장은 괴물이 되어버렸다"라고 말했다. 2004년 독일 대통령으로 당선되기 전까지 호르스트 쾰러가 국제통화기금 총재를 지냈다는 사실을 감안한다면 그의 진술은 한층 더 많은 것을 생각하게 한다. 그는 경제 위기를 불러일으킨 진짜 원인(화폐 시스템, 발권은행, 부분준비금 은행 시스템)을 분명 잘 알고 있을 것이다.

그러나 다수의 정치인은 다른 이들에게 책임을 전가한다. 이렇게 함으로써 그들은 계속된 개입 조치를 정당화하고 자신들의 무능력으로 쏠리는 시선을 다른 곳으로 돌린다. 또한 그들은 위기를 금융거래세Financial Transactions Tax, FTT 같은 새로운 세금을 도입하는 기회로 활용한다. "위기를 불러일으킨 장본인들에게 반드시 그 비용을 부담시켜야 한다"라고 말하면서 말이다. 이를 위해 정치인들은 사람들의 질투심을 이용하면서 그들의 분노와 노여움을 의도적으로 기업가들과 부자들에게로 몰아간다.

오늘날 얼마나 많은 분야에서 자유로운 가격 형성이 허용되지 않고 있는지 곰곰이 생각해 보라. 발권은행이 금리를 조작하고, 임금 부문에서는 최저임금이 책정되며, 전기요금은 국가가 계획한 에너지 전환으로 인해 위로 치솟고 있다. 또 한 가지 중요한 분야인 보건 시스템도 마찬가지로 각종 규제와 가격 결정이 스며들어 있다. 모든 합법적인 의료보험 조합들은 동일한 보험 요율을 적용하도록 강요받고 있다. 경쟁은 흔적조차 찾아볼 수 없다.

각국 정부는 이미 악의 화신으로서 완벽한 조건을 갖추고 있다. 그런데도 어느새 유럽연합 공무원들까지 가세해 더 많은 규정과 조치, 규제를 쏟아 내면서 시민들을 조종하고 있다. 백열전구 금지 같은 건 그중에서도 가장 경미하고 무해한 조치에 불과하다. 이와 함께 국가의 영향력 증대를 비판하는 사람들에게 뚜렷한 압력을 행사하는 사례도 늘고 있다. 브뤼셀 – 비판자들이 대표적인데 그들은 반유럽주의자anti european로 폄하되어 비웃음거리가 되고 있다.

하지만 유럽을 위대하게 만들어준 장본인은 중앙집권주의와 통제 경제정책이 아니라, 바로 경쟁과 자유였다. 진정한 유럽인은 EU라는 거대한 괴물을 물리치기 위해서 투쟁한다. 브뤼셀에 앉아 있는 사람들이야말로 바로 '반유럽주의자들'이다.

우리가 꼭 알아야 할 돈의 본질

경제적인 사안에 대한 국가의 개입은 단지 시장 참여자들 간의 자유로운 협력과 조화를 왜곡시키는 데서 그치지 않는다. 그것은 더 많은 개입으로 이어져 결국 국가 권력의 팽창으로 귀결된다. 여기서 벗어나려면 국가는 개입 행위를 철회해야 한다. 새로 발생한 문제점을 또 다른 개입을 통해 없앤다면 악순환이 만들어져 인간의 자유를 점점 더 제한하게 된다.

이 길의 끝에는 사회주의가 버티고 서 있다. 그러나 사회주의는 제대로 작동할 수 없다. 시장 가격이 존재하지 않아 경제적 계산이 불가능하기 때문이다. 이렇게 되면 자본과 자원이 낭비되고 사회가 점점 빈곤해진다. 사회주의 체제를 고수하려면 국가의 감독과 권력을 지속적으로 늘리면 된다.

화폐제도 및 그와 결부된 화폐 생산의 국유화는 가장 악랄한 형태의 국가 개입이다. 이런 개입은 또 다른 무수한 개입을 초래한다. 로마 제국의 멸망은 화폐제도에 대한 개입이 어떤 결과를 가져다줬는지 아주 잘 보여줬다.

8장

화폐 독점의
엔딩

지난 수십 년간 국민들은 미래에 먹을 것까지 미리 먹어 치워버렸다.

이제 그들은 앞으로 수십 년간 먹을 것이 없어 굶주려야 할 것이다.

— 롤란트 바더

잃어버린 부는 돌아오지 않는다

여기까지 오면서 깨달았겠지만 현재 우리는 곤란한 상황에 놓여 있다. 이제는 아무런 고통 없이 이 상황에서 벗어나는 것이 불가능해졌다. 국가가 주도하는 화폐 시스템이 이미 국민경제와 사회의 상당 부분을 병들게 했고 오래전부터 사회가 점점 더 빈곤해지고 있다. 다만 국민 대다수가 알아차리지 못하고 있을 뿐이다. 가끔은 아무것도 모른 채 살아가는 것이 더 좋을 때가 있지만 그렇게 하기에는 이미 너무 늦어버렸다. 이왕 이렇게 되었으니 긍정적인 측면을 바라보았으면 한다. 그래도 아직은 대책을 세울 수 있고 상황이 어떻게 돌아가고 있는지 파악할 수 있다.

화폐 시스템은 인류를 크게 타락시켰다. 거대한 복지국가 건설 자금을 마련하게 하는 동시에 전통적인 제도들을 파괴하는 데 일조했다. 화폐 시스템으로 인해 현대 사회는 예전에 비해 훨씬 더 물질 중심적으로 변하고 있다. 사람들은 점점 더 부채에 의존하게 되었고 단기적인 계획밖에 수립하지 못하는 지경에 이르렀다. '탈사회화' 현상이(이 현상은 강압적으로 변해가는 국가에 의해 촉발되어 화폐라는 마약에 의해 촉진되고 있다) 위협적인 행진을 시작했다. 궁극적으로 개인의 자유가 화폐 인쇄기에 짓눌리고 있다. 화폐 시스템이 촉발한 반사회적 재분배 효과는 국가, 은행, 대기업, 부자들을 더 부유하게 만들고 중위계층과 하위계층은 더 가난하게 만들고 있다. 금전적 균열이 우리 사회를 분열시키고 있다. 곳곳에서 갈등이 첨예화되고 금융 복합기업과 국가의 영향력 아래에서 실물 경제가 비틀거리고 있다.

반드시 알아야 할 사실이 한 가지 있다. 화폐 생산을 통해 추진된 잘못된 투자가 이미 실질적인 부를 엄청난 규모로 파괴했다는 것이다. 우리가 아직 직접 목격하지 못하고 있을 뿐이다. 안타깝게도 우리는 낭비가 일어나지 않는 세계와 우리가 사는 세계를 비교해 볼 수 없다.

서구 세계의 경우 사회복지 프로그램과 군사적 개입에 드는 국가 지출이 국가 부채와 가계의 적자 증대를 유발했다. 부채를 실질적으로 상환하는 것은 아마도 불가능할 것이다. 복지국가 건설 자체가 이미 잘못된 투자다. 그것은 서로 자발적으로 협력하려는 사람들의 욕구를 충족시키지 못한다. 만약 납세자들에게 징수한 돈과 화폐 독점권을 이용해 새롭게 만든 돈으로 계속해서 보조금을 지급하지 않는다면 복지국가는 종말을 맞이할 것이다.

특권을 부여받은 은행 시스템에 의해 촉발된 인위적 경기 호황과 경기 침체의 사이클은 국민들에게 어마어마한 고통을 안겨주고 있다. 금융위기는 엄청난 규모의 자원이 화폐 시스템의 입속으로, 그것도 영구적으로 사라져 버렸다는 사실에 대한 증거다.

하지만 상황이 그렇게까지 심각했던 건 아니지 않은가? 그래도 모두가 구제받지 않았는가? 이렇게 생각할지도 모르겠다. 글로벌 금융위기가 일어난 2008년부터 시작된 구제의 향연은 실제로 타의 추종을 불허한다. 은행과 기업은 물론, 국가들까지도 구제받았다. 그것도 아무런 고통 없이 말이다. 그렇다면 당신은 어떤가? 직장을 잃었다거나 저축한 돈을 잃어버렸는가? 지난 몇 년간 당신에게 부과된 세금이 감당하기 어려울 정도로 크게 올랐는가? 혹은 세금 부담이 두 배로 늘어났는가? 아마 아닐 것이다.

그렇다면 끝없이 이어지는 구조 활동 자금을 어떻게 충당하고 있는 것일까? 당신도 충분히 생각할 방법들이 동원되고 있다. 새로운 부채, 새로 만들어 낸 돈을 통해 경제적 위기에 대한 구조 자금을 충당하고 있다. 이것이 국가가 통제하는 화폐 시스템이 가진 음험한 측면이다. 이는 실제로 들어간 진짜 비용과 시스템 자체가 만들어 낸 손실을 은폐할 수 있도록 해주고 사람들에게 거짓된 확신을 심어준다.

2008년에 대형 붕괴 사태가 발생했지만 제대로 끝을 보지 못했다. 리먼 브라더스의 파산과 뒤이어진 금융위기 이후에 고작 잘못된 투자의 일부만 청산되었을 뿐이다. 자동차 업체나 모기지 은행같이 큰 타격을 입고 위기에 처한 투자자들은 국가에 의해 구제되었다. 이들을 구제하기 위해 직접적으로 자금을 수혈하거나 간접적으로 보조금을 지급하거나, 공적으로 주문을 위탁하는 방식 등이 동원되었다. 질 나쁜 민간 투자가 질 나쁜 공적인 국가 부채로 탈바꿈한 것이다. 이 과정이 잡음 없이 진행될 수 있도록 새롭게 만들어진 화폐가 윤활유 역할을 했다. 국가 부채를 충당할 자금이 새로운 화폐 생산을 통해 간접적으로 마련되었다. 발권은행이 새로운 돈을 만들어 내고 이어서 시중은행들이나 다른 투자자들이 그 돈으로 국가 부채를 사들였다.

급강하한 것은 실물 경제만이 아니었다. 부동산 거품 붕괴는 은행에도 막대한 손실을 안겨주었다. 그러나 이런 손실은 부분적으로 현실화되었을 뿐, 전 세계 은행의 대부분은 국가에 의해 구제되었다. 그 결과 **금융위기의 악성 부채가 은행에서 국가로 넘어갔다. 악성 부채는 사라지지 않는다.** 뜨거운 감자를 계속 다른 사람에게 전달하다 보면 언젠가 감자가 사라질 것으로 생각하는가? 아니다. 누군가는 여전히 감자를 손에 쥐고 있다. 지금 막 살펴본 것처럼 뜨거운 감자를 손에 쥐고 있는 사람은 바로 우리들이다. 그사이 더 많은 악성 국가 부채가 추가로 늘어났다. 예컨대 실업자들을 위한 지원금 형태로 된 사회보장기금이 증가하거나 수많은 경기부양 프로그램 같은 것에 의해 그렇게 되었다.

2008년 이후 국가 부채는 폭발적으로 증가했다. 이 악성 부채들은 날카로운 다모클레스의 검처럼 지금도 여전히 우리의 머리 위에서 떠다니며 불안함을 조성하고 있다. 달리 말하면 지난번 경기 변동 사이클에서 이뤄진 잘못된 투자를 통해 발생한 손실 중 가장 큰 부분이 국가와 발권은행의 잔고로 전가되었다. 그릇된 투자를 한 장본인들과 은행 관계자들, 은행에서 대출받은 사람들, 국채 보유자들 등 이들 중 누구도 지금까지 손실을 청산하지 않았다. 악성 부채가 국가 부채의 형태로 계속 쌓이기만 한다. 그러나 악성 부채를 다른 곳으로 미룬다고 해서 잃어버린 부가 다시 돌아오지는 않으며 부채는 그대로 남는다. 그럼 부채는 과연 언제, 어떤 방식으로 우리를 압도할까?

　결론을 얻기 위해 우리는 마지막으로 작은 도시로 돌아가고자 한다. 도시에 단 두 세대generation만 존재한다고 가정해 보자. 한 세대의 대표는 어부다. 수십 년 전부터 열심히 일해 온 그는 은퇴할 시기를 대비해 저축하고 있다. 그는 일할 때 낡은 배를 사용한다. 배는 금방이라도 부서질 것처럼 낡아서 어부는 은퇴하자마자 방충 처리를 하여 배를 간직할 작정이다. 어부는 저축한 돈을 한 젊은 선장이 발행한 채권에 투자한다. 선장은 아주 전망이 밝은 프로젝트에 어부의 돈을 투자한다. 선장은 새롭고 현대적인 어선 제작에 착수하며, 자신이 만든 어선은 어부의 배보다 훨씬 크고 효율적일 것이라고 말한다. 어부가 은퇴할 무렵, 선장은 이 어선으로 두 사람을 먹여 살리기에 충분한 양의 생선을 잡게 될 것이다. 그렇게 되면 젊은 선장은 여유롭게 부채를 상환할 수 있을 것이고 어부는 은퇴 후의 시간을 즐길 수 있을 것이다.

은퇴한 어부는 자신이 모은 돈을 가지고 소비하는 일에 착수하려고 한다. 그는 선장이 생산한 물건(생선)을 손에 넣기 위해 자기가 보유한 채권을 팔고 싶어 한다. 그런데 자금이 엉뚱한 곳에 투자되어 낭비되었다면 어부는 계획을 실행할 수 없다. 이렇게 되면 채권은 젊은 선장이 짊어진 악성부채로 탈바꿈한다. 그 결과 더 이상 자금을 동등한 가치를 지닌 실물로 되돌려주는 것이 불가능해진다.

선장이 왜 돈을 돌려주지 못하는지 이유는 아무래도 상관없다. 어쩌면 그가 사기꾼이라서 어선은 아예 제작하지도 않은 채 어부가 저축한 돈을 그냥 다른 곳에 써버렸을지도 모른다. 오늘날 국가가 국민들의 세금을 사회보장지원금 수급자들에게 전달하고 수급자들이 그 돈을 소비해 버리는 방식도 이와 똑같다. 혹은 직장인들이 낸 연금 분담금을 국가가 적절한 곳에 투자하는 대신, 분배 시스템에 따라 연금 수급자들에게 전달하면 수급자들이 그 돈의 대부분을 쓰는 것도 이와 마찬가지인 원리다.

공적 연금제도가 위험한 이유는 저축을 대체하는 수단인 것처럼 받아들여지기 때문이다. '나는 저축할 필요가 없어. 연금 분담금을 내잖아.' 많은 사람이 이렇게 생각할 수도 있다. 그러나 그 돈은 저축되지 않으며 그냥 다른 사람들에게 전달되어 대부분 소비된다. 연금 수급자들이 받는 연금(이자)은 임금 노동자들이 내는 분담금으로 마련된다. 월스트리트 역사상 최대 규모의 폰지 사기를 저지른 희대의 사기꾼 버니 메이도프Bernie Madoff가 그랬던 것처럼 말이다. 그는 높은 이자를 미끼로 계속해서 새로운 투자자들을 유혹했다. 그리고 자신의 거짓말이 들통날 때까지 새로운 투자자의 돈으로 기존 투자자들에게 높은 이자를 지급했다. 그의 거짓말은 결국 모든 행운의 시스템이 멈춘 것처럼 끝나고 말았다.

하지만 어부의 돈은 다른 이유로 낭비되었을 수도 있다. 성실하고 정직한 선장이 어부의 자금으로 추진하게 된 프로젝트가 실패로 끝나버렸을 수도 있다. 금융위기 당시 부동산 분야에서 일어난 투자 실패 사례를 생각해 보면 이해하기 쉽다.

자, 이제 어선 제작에 결함이 있어서 어선이 침몰해 버렸거나(부동산 거품 같은 잘못된 투자), 선장이 파티를 즐기느라 어선은 아예 제작조차 하지 않았다고(복지국가 같은 잘못된 투자) 가정해 보자. 어부는 본인이 자산을 보유하고 있다고 생각하는데 사실 자산은 더 이상 존재하지 않는다. 하지만 어부는 계속해서 자신이 부자라는 착각에 빠져서 살아간다. 그가 여전히 채권을 보유하고 있기 때문이다.

이어서 작은 도시의 국왕이 현 차원의 화폐 시스템을 도입했다고 상상해 보자. 국왕은 이 상황을 구제하기 위해 파산한 선장의 회사를 침몰해 버린 어선과 함께 돈을 주고 인수한다. 그리하여 파산 사태는 일어나지 않는다. 만약 파산해 버렸다면 손실이 공공연하게 드러나겠지만 그런 일은 일어나지 않는다. 금융위기가 닥쳤을 때도 이와 똑같은 방식으로 기업이 국가에 의해 구제되었다.

국왕은 또 다른 방식으로 선장을 구제할 수도 있다. 선장의 회사를 매입하는 대신 그에게 자금을 제공해 계속 회사를 이끌도록 하는 것이다. 국왕은 이때 필요한 자금을 부채를 통해서 쉽게 마련할 수 있다. 요컨대 국채를 발행하고 이 국채를 발권은행이 매입하게 하면 그만인 것이다(오늘날 각 국 중앙은행이 국채를 매입하는 것과 마찬가지다).

국왕의 개입을 통해 선장은 갓 찍어 낸 돈으로 어부의 돈을 상환할 수 있다. 또는 발권은행이 돈을 찍어 낸 다음 어부가 보유한 채권을 직접적으로 매입하는 것도 한 가지 대안이 될 수 있다. 이를 통해 나쁜 투자로 인한 손실이 (국채의 형태로) 발권은행이나 국왕의 결산표에 안착하게 된다.

그 결과 어부는 계속해서 본인이 부유하다는 착각 속에 살아갈 것이다. 그가 국채나 화폐, 혹은 국영화되었거나 국가의 보조금을 받는 회사의 채권을 보유하고 있기 때문이다. 어부의 상황은 오늘날 우리의 상황과 다를 바 없다. 많은 사람들이 자신이 금전적으로 안전하다고 느낀다. 문서상으로 예금을 보유하고 있거나 국채, 은행 예금 혹은 채권 펀드를 갖고 있기 때문이다. 생명보험이나 연금보험에 가입한 사람들도 마찬가지다(은행, 펀드 회사, 생명보험사는 국채에 대규모로 투자하고 있다).

우리는 자산 파괴(어선 침몰 혹은 파티로 인한 재산 탕진), 즉 그릇된 투자를 없던 일로 만들 수는 없다. 그렇다고 해서 어부가 채권과 화폐, 그 외에 보유한 다른 계좌들로 먹고살 수는 없는 노릇이다. 한마디로 어부가 보유한 자산을 실제로 지불해 줄 수 있을 만한 수단이 아무것도 없다. 게다가 어부의 사례에서는 현재 생선을 잡는 사람이 아무도 없다. 요컨대 생선의 양 또한 어부와 선장을 동시에 먹여 살리기에는 턱없이 부족하다. 그럼 이제 어부는 어떻게 해야 할까?

오늘날 모습도 이와 유사하다. 많은 사람이 자산을 보유하고 있다고 생각하지만 실제로는 존재하지 않는다. 자산은 정부의 잘못된 투자로 인해 직간접적으로 탕진되어 버렸다. 정부는 국가의 복지 프로그램에 돈을 밀어 넣어 잘게 부숴버렸고 공적 연금제도를 내세워 지킬 수 없는 약속을 하고 있다. 또한 인위적인 시장을 만들고, 보조금을 지급하며, 돈이라는 주사를 처방함으로써 병든 기업을 구제했다. 그렇게 국가 부채가 폭발적으로 증가했다.

사람들 대부분은 국채, 채권 펀드, 보험, 은행 예금, 그 외에 저축 계좌 형태로 된 종이 자산이 인생의 황혼기를 보장해 줄 것이라고 믿는다. 그러나 은퇴할 시기가 되었을 때 그들이 소비할 수 있는 대상은 실물자산의 형태로 모아둔 것이나 실제로 만질 수 있는 형태로 생산되는 유형 자산뿐이다.

하지만 정부의 각종 개입으로 인해 국민경제의 실질적인
역량이 심각하게 손상당하고 약화되었다. 현재의 종이 자
산은 어마어마한 허풍으로 뒤덮여 있다. 악성 부채를 정부
와 발권은행 쪽으로 계속 미루기만 하다가는 시기의 차이
만 있을 뿐 언젠가 공식적인 파산 선언이 불가피해질 것이
다. 머지않아 예금주와 연금 수급자들도 실제 자산가치가
그들이 생각하는 수준에 크게 못 미친다는 것을 알아차리
게 될 것이다. 공식적인 파산 선언이 어떤 식으로 이루어질
것인지는 아직 불확실하다. 그저 유럽이나 세계의 다른 지
역에서 기술 발전과 자산 축적, 그리고 분업 증대가 이루어
져 그로 인한 충격을 다소 흡수해 주기를 바랄 뿐이다.

빚 권하는 사회

현재 우리가 처한 상황을 더는 바꿀 수 없다. 일단 병든 말
위에 올라앉으면 재앙은 불가피하다. 원인은 시스템 그 자
체에 있다. 지금까지 우리가 수십 년 이상 사용해 온 화폐
시스템은 지나친 부채를 부추기며 자기 파괴의 씨앗을 안

고 있다. 강요에 의거한 화폐 시스템에서는 컴퓨터로 간단하게 무에서 돈을 만들어 낼 수 있다. 이런 특권을 이용하고 싶은 유혹에 저항하는 것은 거의 불가능에 가깝다. 그렇게 하려면 정치인들은 진정한 천사여야 할 것이다.

화폐 시스템에서는 통화량과 물가가 지속적으로 상승하는 경향이 있다. 이런 시스템에선 실물자산을 획득하기 위한 목적으로 현금을 저축하는 것은 별로 권장할 만한 행동이 아니다. 그보다 오히려 빚을 내어 부동산 같은 실물자산을 먼저 획득하고 나중에 가치가 떨어진 돈으로 부채를 상환하는 것이 훨씬 더 현명하다.

위급한 상황이 발생했을 때 새롭게 생산한 돈이 자신을 구제해 줄 것이라고 기대하는 사람들일수록 부채를 지고 싶은 충동을 유달리 심하게 느낀다. 대기업들, 그리고 무엇보다도 은행과 국가가 여기에 속한다. 부분준비금 제도에 따른 은행 시스템은 아직도 성에 차지 않는다는 듯이 새로운 호황기와 위기를 거듭 유발하고 있다. 위기가 발생해도 완벽한 청산 작업은 이뤄지지 않는다. 그러기는커녕 오히려 조정 절차를 지연하거나 아예 저지하기 위해서 새로운 돈이 만들어진다.

사회적 불균형이 서서히 심화된다. 그리고 시간이 흐를수록 사람들은 악성 부채가 점점 더 많이 쌓인 상태에서 새로운 사이클을 향해 출발한다. **전 세계를 강타한 1970년대의 금융위기부터 똑같은 모습이 반복되고 있다. 위기가 닥칠 때면 어김없이 금리가 인하되고, 새롭게 만들어진 돈이 과도한 부채를 진 사람들을 구제한다.**

화폐 시스템은 산 정상에서 아래로 굴러떨어지는 눈덩이와 같다. 눈덩이는 점점 커지면서 더 많은 양의 눈을 흡수하며 굴러간다. 화폐 독점권을 이용해 부를 늘리고 싶은 욕망은 어마어마하다. 그 욕망이 사람들을 유혹해 계속해서 빚을 지도록 만든다. 그러다가 위기가 닥치면 금리를 인하하는 동시에 더 많은 돈을 생산해 채무자들을 구제한다. 부채를 기반으로 경제를 운용하고 싶은 유혹도 점점 더 커진다. 부채의 눈덩이는 점점 불어나면서 목표를 향해 빠른 속도로 질주한다. 이제 눈덩이가 서서히 깃대 끝부분으로 다가가고 있는 것처럼 보인다. 금리는 거의 제로 수준으로 떨어졌다. 금리가 큰 폭으로 내려가는 것은 더 이상 불가능하다. 대부분의 산업 국가에서 국가 부채가 지금까지 평화로운 시기에는 단 한 번도 찾아볼 수 없었던 수준을 기록하고 있다. 과연 이것이 사방에서 간절하게 외치던 지속성일까?

국가의 적자는 여전히 높은 수준이다. 복지국가 정책에 대한 혹독한 수정과 가지치기를 반대하는 국민의 압력이 거세졌기 때문이다. 사람들은 이미 값싼 돈이라는 마약의 노예가 되어버렸다. 은행을 비롯한 금융기관들은 현재 공공 부채로 이루어진 거대한 산 위에 앉아 있다. 진정한 성장은 눈을 씻고 찾아봐도 보이지 않는다. 성장이야말로 정치인들이 부여잡는 마지막 희망의 끈인데도 말이다.

정치권과 은행권 엘리트들은 스스로 판 함정에 빠져들었다. 은행 시스템도 파산의 늪으로 빠질지 모르기 때문에 발권은행에선 대형 채무자의 파산을 그냥 두고 볼 수 없다. 특히 국가 부도는 은행 시스템의 즉각적인 파산을 유발할 수도 있다. 금리를 현실적인 수준으로 인상하는 조치나 발권은행이 매입한 실물자산을 재매각하는 조치는 은행과 부채가 많은 기업, 그리고 국가 전체를 어마어마한 위험 속으로 밀어 넣게 될 것이다. 과도한 빚을 진 소비자들은 말할 것도 없다.

파산을 막기 위해 발권은행이 할 수 있는 방법은 한 가지밖에 없다. 도망치는 것이다. 가속 페달을 최대로 밟고 계속 돈을 만들어서 채무자들을 구제하는 것이다. 그러나 앞서 말했듯 이는 불에 기름을 붓는 행위나 다름없다. 산더미 같은 부채와 각종 문제가 더욱더 심화될 것이기 때문이다. 심지어 추가로 찍어 내는 돈의 양이 살짝 줄어들기만 해도, 돈을 찍는 속도를 살짝 늦추기만 해도(이를 테이퍼링Tapering, 즉 양적 완화 축소라고 부른다) 부채가 많은 시장 참여자가 어려움에 봉착하고 연쇄적인 파산으로 이어질 가능성이 높다.

화폐 시스템 내부에서 부채를 감축하는 것이 가능할지 묻는다면 원칙적으로는 가능하다. 그러나 민주주의 체제에서 정치인들에게 주어지는 인센티브를 고려할 때, 부채를 탕감할 목적으로 국가 지출을 대폭 삭감한다는 것은 가능성이 희박한 일이다. 국가와 은행, 심한 부채를 짊어진 시장 참여자들이 어려움에 봉착하게 되는 사태를 막으려면 계속해서 더 많은 돈을 찍어 내는 일이 필수적일 것이다.

하지만 이를 통해 또 다른 경솔한 행동과 새로운 대형 위기가 프로그래밍될 수도 있다. 이 길은 결국 전체 부채의 가치를 무가치하게 만들어 버리는 하이퍼인플레이션으로 귀결된다. **하이퍼인플레이션은 불가피한 공식적 파산 선고의 한 가지 형태다. 빚을 진 사람들이 승자가 되고 저축한 사람**

들이 패자가 된다. 대부분의 사람이 평생 아껴 모은 '종이 자산'은 그야말로 쓸모없는 종잇장이 된다.

그렇다면 각국 정부는 사람들이 화폐에 대한 신뢰를 최종적으로 상실할 때까지 계속해서 돈을 찍고 금리를 제로 수준으로 인하해야 할까? 불가피한 화폐 붕괴 사태가 정말 일어나게 될까? 하이퍼인플레이션을 대신할 모종의 대안은 없을까? 이미 현실화된 각종 손실은 사람들에게 어떤 영향을 미치게 될까?

현재 발권은행들은 통화량의 지속적인 증대를 요구하는 거대한 압력을 체감하고 있다. 그 이유는 시중은행이나 국가 등 발권은행이 사랑해 마지않는 다양한 시장 참여자들이 심한 부채를 지고 있어서다. 발권은행장이 그 자리에 오르게 된 것도 따지고 보면 그들 덕분이다. 그러나 부채가 사라지기만 한다면 금리를 낮게 유지하고 새로운 돈을 만들어 내야 한다는 부담이 사라질 것이다. 근본적으로 이런 조치들은 물가 인상을 유발해 부채를 무가치하게 만들기 위한 것이기 때문이다.

부채를 제거하는 데는 여러 가지 방법이 있다. 이 방법들은 모두 이미 발생한 손실을(어부의 사례를 떠올려 보라) 다른 방법으로 가시화하고 다른 방식으로 분배한다. 국가가 스스로와의 약속을 지키지 않는 것도 재정적 상황을 개선하기 위한 한 가지 방법이 될 수 있다. 예컨대 적자를 메우거나 부채를 상환하기 위해 공적 연금, 사회보장연금, 실업자 지원금을 대폭 축소할 수도 있다는 말이다. 그러나 이 경우 많은 이들이 믿고 기대했던 수많은 소망이 아무짝에도 쓸모없는 것이 된다.

국가가 부채 상환을 중단해 버리는 방법도 있을 수 있다. 즉 국가 부도 사태가 발생하는 것이다. 이렇게 되면 고객들의 예탁금을 국채에 투자한 은행과 보험사들이 막대한 손실을 떠안게 된다. 이미 발생한 손실을 이런 방식으로 공개하면 사람들은 그들이 보유한 채권 펀드의 가치가 크게 추락하는 광경을 똑똑히 목격하게 될 것이다. 국가 부도는 규모에 따라 은행 시스템의 붕괴를 유발할 수도 있다. 이때 과도한 부채를 진 시장 참여자들의 연쇄적 부도는 가히 금융 아마겟돈에 필적할 것이다.

부채의 함정에서 벗어나는 또 다른 방법은 금융 억압financial repression 조치다. 금융 억압 조치란 국민의 예금을 서서히 국가 쪽으로 유도해 부채 탕감을 가능하게 하는 것을 의미한다. 이 조치는 국가의 개입(예컨대 예금에 대해 낮은 이자를 지급하는 조치)을 통해 대체 투자에 대한 흥미를 떨어뜨리고, 한편으로는 국채 매입을 직접적으로 활성화한다. 그 결과 생명보험사는 국채에 투자했을 때 보상을 해주는 국가 규정 때문에 국채 투자에 매력을 느낀다.

진정한 성장과 국가 지출 감소, 금융 억압 조치가 서로 조화롭게 이뤄진다면 국가 부채를 감소하는 것이 가능할지도 모른다. 제2차 세계대전이 끝난 후 미국 정부는 1946년 국내총생산GDP의 130퍼센트였던 국가 부채를 1952년에 이르러 80퍼센트로 감축하는 데 성공했다. 그러나 이런 쿠데타를 다시 성공으로 이끄는 것은 불가능해 보인다. 당시 미국은 승리한 전쟁의 끝자락에 서 있었다. 1945년에 1,180억 달러였던 국가 지출이 불과 2년 만에 그 절반인 580억 달러로 줄어들었다. 그중 대부분은 군비 지출 감소로 인한 것이었다.

지금 시대에 국가 지출이 절반으로 줄어든다면 어떤 일이 일어날지 상상해 보라. 국가 지출에 의존하는 모든 사람이 바리케이드를 치고 거세게 항의할 것이다. 공적 자금의 유입이 중단된다면 부채를 진 시장 참여자들이 대규모로 파산하게 될 것이다. 이런 이유로 제2차 세계대전이 끝난 후 미국에서 실행되었던 국가 지출 감축이 오늘날 실현될 가능성은 거의 없어 보인다. 이제는 국가 지출의 대부분이 군대가 아닌 복지국가 건설에 투입되기 때문이다.

정치인들의 입장에서 보자면 조세 정책으로 부채 문제를 해결하는 방안이 더 구미가 당길 수도 있다. 아이디어는 심플하다. 국민들의 재산을 (인플레이션을 통해 직접 빼앗는 것이 아니라 세금을 통해 간접적으로) 빼앗아 국가 부채를 축소하고 은행 자본을 확충하면 된다. 때에 따라서는 국가가 국민들의 재산을 대규모로 몰수해 국가 부채를 상환할 수도 있다. 일회적인 자본과세를 동원하면 어떨까? 일회적 세금이므로 투자자들도 공포에 사로잡히지는 않을 것이다. 국가는 이렇게 징수한 세금을 국가 부채 상환과 은행 자본 확충에 사용한다. 실제로 2013년 가을 국제통화기금이 EU – 정부에 제안한 방안이었다. 당시 국제통화기금은 모든 금융자산에 대해 일회적으로 10퍼센트의 의무세를 부과할 것을 제안했다. 목표는 과도한 국가 부채 감축이었다.

불안정한 화폐 시스템을 다시 안정적인 기반 위에 올려놓을 수 있는 더 혹독한 방법이 한 가지 있기는 하다. 국가 부채 말소를 포함한 진성한 화폐 개혁이 바로 그것이다. 이 역시 강력한 인플레이션을 유발하지 않고도 부채를 감축할 매력적인 대안이다. 마치 컴퓨터에서 리셋 버튼을 누르는 것과 같은 방식이다. 모든 일이 순조롭게 진행된다면 버튼을 누르자마자 새로운 화폐 시스템이 탄생할 것이다. 제2차 세계대전이 끝난 후 독일에서 이와 같은 개혁이 진행된 적이 있었다(전쟁에서 패배한 독일로서는 금융 억압 조치를 동원하는 것 외에는 달리 대안이 없었다). 당시 통용되던 지폐인 제국마르크는 또 다른 지폐인 독일마르크로 대체되었다.

1948년에 이뤄진 개혁의 세부 사항을 낱낱이 설명할 생각은 없다. 다만 요약하자면 시민들은 최대 60제국마르크까지 1:1의 환율로 독일마르크와 교환할 수 있었다. 그리고 60제국마르크를 초과하는 모든 금액은 10분의 1로 나누어 독일마르크로 교환해야 했다. 모든 부채도 10분의 1로 줄어들었다. 그뿐만이 아니었다. 국가 부채는 아예 존재하지 않는 것으로 천명되었다. 하지만 국가 부채라고 해서 다 그렇게 처리된 것은 아니었다.

그럼 국가가 파산한 상황에서 누가 예외가 되었을까? 그렇다. 은행이 보유한 국채는 효력을 상실하지 않았다. 은행은 보상 채권을 획득했다. 그 밖에도 50퍼센트에 이르는 일회적 자본세가 부과되었다. 이런 조치들이 한데 어우러져 바람직한 결과를 낳았다. 막대한 부채는 사라지고 국가는 실질적으로 빚더미에서 벗어났다. 은행은 자본을 확충했고 (은행의 부채는 10분의 1로 줄어든 반면, 은행의 전체 투자 금액(국채)은 10분의 1로 줄어들지 않았다), 예금자들은 대부분 재산을 박탈당했다. 전쟁 이후 독일의 화폐 개혁은 전쟁으로 인한 자산 파괴를 이런 식으로 공개했다.

'절반의' 화폐 개혁도 인플레이션 압력을 완화하기 위한 대안이 될 수 있다. 키프로스에서 이미 한번 시험한 바 있는 베일인Bail-in(지급 불능 상태에 빠진 은행 채권자들이 보유 채권을 주식으로 전환하거나 채권의 일부를 상각해서 파산을 막는 것 – 역주)이 바로 그것이다. 당시 키프로스에서는 은행 채권자들(예금자들)이 은행 주주로 탈바꿈했다.

이 방법을 도입하면 은행 부채가 감축되고 자기 자본이 늘어난다. 은행 예금이 은행 주식으로 기능이 전환되기 때문에 통화량이 줄어든다. 베일인은 은행 시스템의 자금을 확충하고, 동시에 악성 부채를 사라지게 하는 효과를 발휘한다. 심지어 국가 부채의 부분적인 결손을 감당할 수 있을 정도로 은행의 자기 자본이 크게 늘어난다. 따라서 베일인은 국가 부채의 부분 결손이 발생했을 때 탁월한 콤비 플레이를 펼칠 수 있다. 예를 들어 시민들이 생명보험사에 투자하고 생명보험사는 다시 국채와 은행 채권에 자금을 투자했다고 가정해 보자. 이런 상황에서 베일인 정책이 도입되면 시민들이 손실을 보게 된다. 결과적으로 예금주와 자금 보유자들의 희생을 발판으로 은행과 국가의 과도한 부채가 탕감된다.

우리가 시장을 이기려면

최종적으로 어떤 방법이 선택될지 우리는 알 수 없다. 어쩌면 혼합된 처방이 결론으로 제시될 수도 있다. 하지만 어떤 결론이 도출되든 계속해서 새로운 돈을 만들고 새로운 부채를 짊어지는 상황이 지속될 수는 없다. 언젠가는 끝날 수밖에 없는 것이다. 시기의 차이만 있을 뿐 이미 발생한 손실과 부에 대한 망상이 낱낱이 밝혀질 것이다. 이렇게 되면 서구에서는 납세자들과 예금주들, 그리고 자금을 보유한 사람들이 부채 면제와 통화 안정이라는 목표를 위해 계산대로 불려 가서 빚을 갚게 될 것이다.

일회적인 자본세 부과와 화폐 개혁, 혹은 베일인 정책은 사실 그리 인기 있는 조치들은 아니다. 이런 조치를 통해 손실이 갑작스럽고, 노골적으로 만천하에 공개되기 때문이다. 정치인들이 인플레이션이라는 옵션을 가장 선호하는 것은 바로 이런 이유 때문이다. 인플레이션을 이용할 경우 정부는 과도한 부채를 진 시장 참여자들을 구제하는 데에 들어간 비용을 감출 수 있다. 그러나 인플레이션을 통제하지 못하게 될 위험성도 엄연히 존재한다. 우리는 점진적으로, 그리고 불가피하게 이런 상황을 향해 조금씩 다가가고 있다.

국가의 입장에서 화폐 독점권은 어마어마한 권력 확장을 가능하게 하는 현자의 돌과 같다. 하지만 인플레이션이 통제 불능 상태에 빠져들어 화폐 시스템 전체가 붕괴되면 제일 먼저 권력이 종말을 맞이한다. 두말할 필요도 없이 실질적인 재산상의 손실과 세금 손실 또한 막대할 것이다. 그러니 정치인들이 지레 겁을 먹고 인플레이션이라는 옵션 앞에서 뒷걸음질을 치는 상황도 충분히 있을 수 있다. 그들은 미친 듯한 인플레이션이 다가오기 전에 점진적으로 다른 나양한 옵션을 생각해 내서 시스템의 리셋 버튼을 누르려고 시도할 것이다. 이렇게 되면 게임은 처음부터 다시 시작된다. 그렇다면 우리는 시스템에 사로잡혀 있는 것일까? 리셋 버튼을 되풀이해 누르는 것이 과연 가능한 일일까? 화폐 시스템은 절대 죽지 않는 불멸의 존재일까?

당신에게 전해 줄 좋은 소식과 나쁜 소식이 한 가지씩 있다. 먼저 나쁜 소식은 우리가 국가의 화폐, 즉 **나쁜 화폐를 가지고 있는 한 우리는 과도한 부채 시나리오와 거듭해서 맞붙어 싸워야 한다는 사실이다.** 화폐 개혁이나 베일인 같은 조치들이 단기적으로 과도한 채무를 완화해 줄 수는 있지만, 시스템의 자기 파괴 성향이 그대로 유지된다는 점을 바꿀 수는 없다. 그래서 사람들은 20년이나 10년 혹은 고작 5년이 흐른 후에 또다시 똑같은 곤경에 처해 다음 개혁을 기다리는 신세가 된다. 그러는 사이 탈사회화와 재분배 등의 고통이 멈추지 않고 진행된다.

궁극적으로 화폐의 지속 가능성은 사람들이 어느 정도, 그리고 얼마나 자주 속임수에 넘어가느냐에 달려 있다. 좋은 소식은 이런 속임수에서 벗어날 출구가 존재한다는 것이다. 전 미국 대통령 에이브러햄 링컨Abraham Lincoln은 "모든 사람을 잠깐 속일 수는 있다. 또 몇몇 사람들을 영원히 속일 수도 있다. 그러나 모든 사람을 영원히 속일 수는 없다"라고 말했다.

모든 사람이 현행 화폐 시스템이 얼마나 악독한지 알아차리려면 얼마나 더 시간이 필요할까? 얼마나 많은 시간이 흘러야 이 시스템이 특권을 부여받은 소수에게 무에서 돈을 만들어 내는 행위를 허용했다는 사실을 사람들이 파악하게 될까? 국가 주도적인 화폐 시스템은 불안정한 제도다. 이것이 심각한 금융위기와 불공정하고 반사회적인 재분배, 가족의 파괴, 국가기관의 팽창, 빈곤, 부자유를 초래한다는 사실을 사람들은 언젠가 이해해야 한다.

국가의 화폐 독점권이 낳은 결과를 깨닫는 사람이 많아질수록 간단하게 리셋 버튼을 누르기가 어려워진다. 화폐는 궁극적으로 사람들의 신뢰에 의존하고 있기 때문이다. 신뢰가 사라지면 아무리 리셋 버튼을 눌러도 소용없다. 그래도 아직 희망은 있다. 이렇게 되면 어느 순간 갑자기 진정한 개혁에 대한(그리고 좋은 화폐에 대한) 가능성이 생겨날 수도 있다. 단, 충분히 많은 사람이 이런 대안을 위해 전력투구를 할 때만 가능하다.

당신의 친구 그리고 지인들과 이야기를 나눠보자. 취미 동호회나 이웃들과의 모임에서 이 문제에 대해 논의해 보라. '돈'이라는 주제와 관련해 실제로 무슨 일이 일어나고 있는지 알게 되는 사람이 많아질수록 당신과 우리 모두에게 유익하다. 많은 사람들이 화폐 독점 게임에 저항할 때만 게임에서 벗어나는 것이 가능하기 때문이다. 더 나은 세상을 위해 우리가 개인적으로 해야 할 몫이 무엇인지 생각해 보자. 이 게임에는 우리의 인생 같이 아주 중요한 것들이 걸려 있다.

누구도 말하지 못한
부의 격차

사람들이 원하든 원하지 않든 현대 정치의 가장 중요한 논점은
순수하게 경제적인 것이며, 국민경제이론에 대한 이해 없이는
그것을 이해할 수 없다는 게 객관적 사실이다.

— 루트비히 폰 미제스

화폐 시스템에 속지 말라

가치가 낮은 물건을 비싼 값에 판매하려고 하는 기업가의 입장이 되었다고 상상해 보자. 나이가 지긋한 사람들이 상품 홍보용 당일치기 여행을 하면서 통상적으로 사들이는 물건들, 예를 들어 합성 섬유로 만든 싸구려 이불 같은 것을 팔려고 한다고 한번 상상해 보라. 이때 당신이 해야 할 일은 무엇일까? 맞다. 생각할 수 있는 광고 문구란 문구는 모조리 동원해야 한다. 또 최고의 판매사원과 영업 전문가를 영입해 당신이 만든 쓸모없는 물건을 팔고 고객들에게 바가지를 씌워야 한다. 더불어 당신은 아주 나쁜 성향을 필히 가져야 할 것이다. 바로 파렴치함이다. 고객에게 사기를 치는 행위가 당신에게 부담으로 작용해서는 안 된다. 당신은 모든 게 지극히 정상이라고 거듭 되뇌면서 어떻게든 당신 자신을 속여야 한다. 이 외에도 당신이 만든 광고가 경쟁자에게 흘러 들어가지 않도록 광고 수위를 적절하게 조절해야 한다. 그리고 당신이 만든 물건이 아무짝에도 쓸모없다는 소문이 퍼져나가지 않게 모든 수단을 동원해야 한다.

자, 이제는 반대로 퀄리티가 좋은 상품, 예를 들어 아주 부드러운 고급 이불을 제작해 공정한 가격으로 시장에 공급하는 사람이라고 상상해 보라. 고객들을 속여 하찮은 물건을 비싼 값에 팔아먹는 행위는 당신과 거리가 멀다. 또한 당신은 상품을 구입한 고객들이 거짓으로 자신을 우롱했다며 당신을 비난하는 상황을 두려워할 필요도 없다.

정직한 당신은 매일 양심의 거리낌 없이 거울에 비친 자신의 모습을 바라볼 수 있지만, 파렴치한 당신은 원칙대로라면 거울에 비친 자신의 모습을 무언가로 가려야 마땅하다. 여기서 우리는 '원칙대로'라는 말과 '마땅하다'라는 표현을 강조했는데, 그 이유는 파렴치한 사람들은 자신의 행동에 조금도 부담감을 느끼지 않기 때문이다.

이런 비교를 통해 우리가 하고자 하는 이야기는 아주 간단하다. 지난 수십 년간 승승장구했던 국민경제이론과 사회정치이론들이 실제로는 '질 나쁜' 상품이었다는 사실이다. 한마디로 말해 질 나쁜 이론, 질 나쁜 이념이 현재 널리 퍼져 있다. 이런 일이 가능해지려면 비교적 떠들썩하지 않은 방법들과 선전 수단을 동원해 지속적이면서도 공격적으로 그런 이념들을 알려야 한다. 그것도 유포된 이론들만이 유일하게 옳다고 모든 사람이 철석같이 믿게 되는 그날까지 꾸준하고 규칙적으로 선전해야 한다.

일단 국가가 화폐 시스템에 대한 진실을 밝히는 데 크게 관심이 없다고 전제하도록 하자. 사람들이 나쁜 화폐와 그것이 초래하는 결과의 진실을 알게 된다면 당연히 저항할 것이기 때문이다. 이렇게 되면 화폐 독점권이 붕괴될 것이고 독점권이 없어지면 국가와 금융 산업의 앞날이 암울해질 것이다. 따라서 특정 그룹에게는 질 나쁜 이론을 팔아치우는 일이 매우 큰 중요성을 지닌다.

이런 이론들을 선전할 때는 무엇보다 사람들의 감성에 호소해야 한다. 그래서 지금 시대의 정치인들이 가장 많이 사용하는 형용사가 '사회적인'이다. 지금까지 우리가 당신에게 소개한 이론들과 이념들을 어떻게 생각하는가? 모두 매우 논리적이다. 그렇지 않은가? 어쨌든 이 이론들은 아직 누구도 반박하는 데 성공하지 못했을 정도로 뛰어난 논리를 갖추고 있다.

돈에 대한 생각을 고치면 삶이 바뀐다

그런데 이제 우리 역시 얼마간 당신을 우롱했다는 사실을 고백해야 할 시점이 다가온 것 같다. 하지만 우리가 그렇게 한 것은 결코 당신에게 질 나쁜 무언가를 팔기 위해서가 아니다. 오히려 그 반대다. 우리는 질 좋은 상품, 즉 양질의 이념들을 제공했다. 우리가 한 일은 그저 포장을 염두에 두고 이 책에 흥미가 생길 만한 제목을 붙인 것뿐이다.

우리가 이 책에 '오스트리아 학파의 화폐이론 입문 혹은 오스트리아 사람들은 이미 그것을 알고 있었다'라는 제목을 붙였다고 하면 당신이 이 책에 관심을 가졌겠는가? '오스트리아 학교 시스템이 나와 무슨 상관이 있지? 오스트리아 사람들이 뭘 알고 있건 내가 알 게 뭐야'라고 생각했을 것이다.

원칙대로라면 우리는 이 책에 '오스트리아 국민학파의 화폐이론 입문'이라는 제목을 붙여야 마땅했을 것이다. 이 책의 내용이 바로 그것이기 때문이다. 하지만 여가 시간에 국민경제를 파고들고 싶어 할 사람은 없거나 극소수이기에 우리는 그렇게 하지 않았다. 우리는 이 책에 담긴 정보를 당신에게 전달함으로써 앞으로 당신이 인생을 살면서 만나게 될 대부분의 주류 – 국민경제학자들보다 당신이 훨씬 뛰어나게 우리 시대의 문제점들, 특히 나쁜 화폐의 작용을 해석하고 이해할 수 있도록 만들었다.

어쨌든 우리는 전략이 제대로 먹힐 거라는 걸 알고 있었다. 편견에 사로잡히지 않은 사람이라면 오스트리아 국민경제학파의 논리를 물리칠 수 없을 것이기 때문이다. 다시 말하면 당신은 오스트리아 학파의 화폐 이론과 경기순환 이론의 기본 코스를 수강한 셈이다.

당신이 이 책을 읽는 동안 지루함을 느끼지 않았다는 전제하에, 책을 끝까지 읽은 이유는 무엇인가? 오스트리아 학파의 이론이 '인간의 행동'에 관한 이론이기도 하기 때문이라 짐작한다. 우리는 모두 '행동'을 한다. 그 때문에 오스트리아 학파의 이론 속에서 우리는 스스로의 모습을 재발견하게 된다. 오스트리아 학파와 주류-국민경제학파를 구분 짓는 결정적인 요소는 무엇보다도(여기서는 단어의 의미를 있는 그대로 이해해야 한다) '생각의 방향'이다. 오스트리아 학파에 소속된 경제학자들은 사고하는 과정에서 개인을 출발점으로 삼는다.

반면 지금의 국민경제이론은 경제를 수학적인 대상으로 삼는다. 그러나 수학적인 대상이 될 수 있는 것은 오직 균형 모델뿐이다. 창의적으로 행동하는 인간을 그 안에 넣는 것은 불가능한 일이다. 이와 동시에 국민경제이론은 사회와 경제를 통계적인 것으로 간주한다. 더불어 숫자와 통계수치를 다루는 것을 가장 좋아한다. 물가 상승률을 계산하는 것만 봐도 알 수 있다. 행동하는 개인으로서의 인간은 완전히 배제되어 있다.

균형 같은 것은 존재하지 않는다. 날마다 수십억 명의 사람들이 새로운 경험을 하고 새로운 것을 배운다. 그 결과 사람들은 오전에 했을 법한 행동, 아니 1시간 전, 심지어 1분 전에 했을 법한 행동과 전혀 다른 방식으로 행동한다. 마찬가지로 이 책을 읽은 후 당신의 행동도 변하게 될 것이다. 이제 당신은 다른 눈으로 세상을 보고 이해하게 될 것이다.

경제학자 미제스는 그의 회고록에서 이렇게 썼다.

오스트리아 학파가 가진 탁월한 장점이자 앞으로 불멸의 명
성을 쌓아 올리게 될 점은 바로 그것이 경제적 균형에 관한
이론, 즉 부동의 것에 관한 이론이 아니라 경제적 행동에 관
한 이론이라는 사실이다. 오스트리아 학파 역시 부동의 상
태와 균형이라는 관념적인 이미지들을 사용한다. 그것 없이
는 국민경제학적인 사고가 존속할 수 없다.

하지만 오스트리아 학파는 이런(그리고 다른 모든) 관념적인
이미지들이 지닌 단순한 도구적 성격을 항상 의식하고 있
다. 오스트리아 학파는 결코 실현 불가능한 특정 조건에서
치러지는 명목상의 가격을 설명하는 것이 아니라, 시장에서
실제 지불되는 가격을 설명하고자 한다. 그것이 수학적인
방법론을 거부하는 이유는 수학에 대한 무지나 수학적 정확
성에 대한 혐오감 때문이 아니다. 가설적이고 통계적인 균
형 상태를 세부적으로 묘사하는 것을 전혀 중요하게 여기지
않아서다.

오스트리아 학파는 가치를 측정할 수 있다는 치명적인 망상
에 빠져들지 않았다. 오스트리아 학파는 모든 통계적 데이

터가 단지 경제사의 일부에 불과할 뿐 경제이론과는 아무런 관련이 없다는 사실을 오인하지 않았다.

현대 국민경제이론은 가장 간단한 내용들조차 의도적으로 난해하게 만든다. 그래서 모든 것을 특별히 중요한 것으로 받아들이게 하며, 사람들에게 겁을 주면서 제멋대로 행동한다. 그 결과 사람들은 내가 이해하기에는 너무 복잡하다는 생각이 들어 그런 이론의 배경에 대해 파악할 엄두조차 내지 못한다.

하지만 경제는 간단하다. 이미 수천 년 전에 그랬던 것과 똑같은 모형에 따라 지금도 굴러가고 있다. 사람들이 한데 모여 쌍방의 이익을 도모하기 위해 자발적으로 거래한다. 사람들은 경제적으로 좀 더 나은 위치로 올라서기 위해 전문성을 함양하고 분업을 수행한다. 당신이라면 경제적으로 더 가난해지려고 누군가에게 물건을 팔거나 서비스를 제공하겠는가? 아닐 것이다. 현재의 우리는 수많은 시장 참여자에게 이기주의 혐의를 뒤집어씌우려고 한다. 하지만 자신의 경제적인 상황을 개선하려는 의지는 모든 인간 행동의 근간으로, 이기주의와는 아무런 관련이 없다.

안타깝게도 마지막 장의 내용은 그동안 갔던 작은 도시로 다시 돌아가기에는 적합하지 않다. 그 대신 우리는 당신을 잠시 다른 도시로 데려다 놓으려고 한다. 그 도시는 오스트리아의 빈이다. 하지만 지금의 빈이 아니라 20세기 전환기 무렵의 빈이다.

경제학자 카를 멩거Carl Menger, 1840~1921는 오스트리아 국민경제학파의 창시자로 불리는 인물이다. 그는 1871년에 저서 《국민경제학 원리Grundsätze der Volkswirtschaftslehre》에서 다음과 같이 말했다.

> 화폐는 국가가 고안한 것이 아니며 입법 행위의 산물도 아니다. 따라서 국가가 화폐를 승인하는 행위는 화폐의 개념과 전적으로 거리가 멀다. 화폐로 간주되는 특정한 물건들의 존재 역시 경제적인 상황에서 자연스럽게 생성되었는데, 이 과정에서 국가의 영향력 행사는 전혀 필요하지 않았을 것이다.

카를 멩거는 20세기가 낳은 가장 위대한 경제학자인 루트비히 폰 미제스에게 결정적인 영감을 불어넣은 인물이었다. 미제스는 그의 회고록에서 이렇게 밝혔다.

> 내가 대학에 들어갔을 때 멩거 교수는 학생들을 가르치는
> 일을 그만두려고 하던 참이었다. 대학에서는 오스트리아 국
> 민경제학파의 낌새를 그다지 많이 알아차리지 못했다. 당시
> 에 나는 거기에 전혀 관심이 없기도 했다. 1903년 크리스마
> 스쯤에 나는 카를 멩거의 《국민경제학 원리》를 처음으로 읽
> 었다. 이 책을 통해 나는 국민경제학자가 되었다.

루트비히 폰 미제스가 제기한 핵심적인 요구 중 하나는
국가가 화폐제도에서 손을 떼고 뒤로 물러나야 한다는 것
이었다. 그는 중앙은행과 국가의 화폐 독점권이 반드시 폐
지되어야 한다고 주장했다. 그는 자신의 신념을 조금도 굽
히지 않았고, 어떤 것에도 매수당하지 않았으며, 한 치의 타
협도 없이 자유주의와 자유시장을 지지했다. 미제스의 첫
번째 직장은 빈 상공회의소로, 1909년부터 그곳에서 일했
다. 그에게는 평생 정식 국립대학 교수 자리가 허용되지 않
았다. 사람들이 그를 전혀 원하지 않았으니 그리 놀라운 일
도 아니다. 언젠가는 은행 업계에서 보수가 높은 일자리를

그에게 제안했는데 이번에는 그가 거절했다. 미제스의 회고록을 보면 이런 문장이 나온다.

> 전쟁이 끝난 후 화폐 전문가이자 은행 전문가로서 나의 명성이 크게 높아져 대형 은행 몇 곳이 나에게 간부 자리를 주려고 했다. 1921년 이전에는 항상 그런 제안을 거절했다. 나의 조언을 따르겠다는 보장을 그 어떤 은행에서도 해주지 않았기 때문이다. 훗날 나는 모든 은행이 파산하고 구제할 길 없이 망하게 될 것으로 생각했다. 그 사건들은 내 말이 옳다는 것을 입증했다.

그런데도 미제스는 가르치는 일을 포기하지 않았다. 그가 1920년부터 1934년까지 20~25명의 참가자를 대상으로 2주 간격으로 개최한 개인 세미나는 큰 유명세를 탔다. 세미나 참석자 가운데 가장 유명한 사람은 의심할 여지 없이 훗날 노벨상을 받은 프리드리히 하이에크였다.

대학에서는 지금도 여전히 오스트리아 국민경제학파에 대해 그리 많은 이야기를 하지 않는다. 지금쯤이면 아마도 그 이유가 무엇인지 서서히 이해될 것이다.

일단은 루트비히 폰 미제스에게로 다시 돌아가 보자. 100년도 더 전에 출간된 획기적인 저서《화폐 및 유통수단 이론》에서 미제스는 통화량 확장이 결코 사회적으로 유익한 일이 아니라는 사실을 보여주었다. 그는 통화량 확장이 재분배를 초래하는 한편, 화폐의 구매력을 떨어뜨리는 결과를 낳는다는 사실을 입증했다. 그리고 은행의 대출 확대로 통화량이 확장되면 결과적으로 가짜 호황기와 잘못된 투자가 출현한다는 것을 입증했다. 이는 오늘날까지도 그대로 적용되는 미제스의 혁신적인 경기 변동 이론의 내용이다. 미제스는 회고록에서 자신의 책에 대해 이렇게 썼다.

나의 책은 예상했던 대로 독일 정치학자들이 주축인 잡지에서 차갑게 퇴짜 맞았다. 나는 그 일에 그다지 마음을 쓰지 않았고 나의 견해가 곧 관철되리라는 것을 알고 있었다. 그리고 내가 예고했던 대재앙이 바로 문 앞으로 다가와 있는 것을 두려움에 사로잡혀 지켜보았다. 비평가들에 의해 '파괴된' 새로운 책들은 매우 귀중한 책들이며 그것들은 앞으로도 영원히 남겨질 것이다. 모든 사람이 듣고 싶어 하는 것만을 말하는 사람이라면 차라리 침묵하는 편이 낫다.

미제스의 인식은 가히 혁명적이었다. 1922년에 출간된 그의 저서 《사회주의》를 통해 그는 사회주의가 제대로 굴러갈 수 없다는 사실을 입증했다. 사회민주주의도 마찬가지다. 이 책은 미제스를 단번에 유명 인사로 만들어준 동시에 전 세계 사회주의자들 사이에서 미움을 받는 존재로 만들었다.

> 나는 이 논문에서 내가 제시하는 이론이 어떤 논쟁의 여지도 없다고 생각한다. 이 이론에 대한 사회주의 진영의 적대감이 즉각적으로 증대된 것도 바로 이견의 여지가 없기 때문이다. 1930년대 독일에서 확산되었던 국가사회주의 진영에서 비롯된 적대감도 마찬가지다. 사족을 덧붙이면 국가사회주의와 공산주의는 서로 대립하는 것이 아니라 정신적으로 형제 관계에 있다. 그것들은 단지 경쟁자의 위치에 있을 뿐이다. 전체주의적인 특징과 자유경제 체제에 대한 거부는 둘의 공통점이다.

머지않아 미제스는 독일에서 임박한 국가사회주의의 승리가 오스트리아까지 위협하게 될 것임을 깨달았다. 《사회

주의》가 출간된 후, 전통적인 자유주의자이자 유대인이었
던 그는 국가사회주의자들이 오스트리아를 손에 넣고 나면
자신의 뒤를 쫓게 되리라는 사실을 알고 있었다. 이런 이유
로 그는 1934년에 스위스 제네바로 이주했다. 그리고 그곳
에서 그의 가장 중요한 작품이 출간된다.《국민경제: 인간
의 행동과 경제활동 이론》이 바로 그것이다. 이 책에서 그
는 인간의 행동에 관한 이론을 발전시키고, 이를 '인간행동
학Praxeology'이라고 명명했다. 이 이론을 통해 완벽하고 일관
된 사상과 더불어 수학 공식처럼 논의의 여지가 없는 원칙
들이 정립되었다.

세계대전으로 스위스에서도 긴장감이 고조되자 미제스
는 책이 출간된 그해에 미국으로 이민을 떠났다. 그 사이
1938년에 국가사회주의자들이 빈을 점령하고 미제스의 서
재에 있던 책과 저작물, 서류들을 모두 어디론가 보내버렸
다. 훗날 이 자료들이 다시 발견되기까지는 거의 60년의 세
월이 걸렸다. 자료들은 1990년대에 모스크바의 어느 서가
에서 발견되었다. 1945년 전쟁이 끝나면서 소련 군대가 그
것들을 압류해 모스크바로 가져간 것이었다.

우리가 이렇게까지 상세하게 설명하는 이유는 미제스가

거의 국가의 적이나 다름없는 취급을 받았다는 사실을 밝혀두기 위해서다. 사람들은 왜 미제스 같은 학자를 그토록 두려워했던 것일까? 진실을 위해 자신의 인생을 바친 사람을 왜 불편해했을까? 다른 것도 아니고 사유재산 보호, 법 앞에서 만인의 평등, 시장의 자유를 옹호했던 사람이 도대체 누구에게 위험한 존재란 말인가?

지금 열거한 항목 중에 혹시 당신도 찬성하지 않는 항목이 있는가? 전 세계의 정치인들은 지금도 여전히 미제스가 남긴 유산을 두려워한다. 왜일까? 두렵기 때문이다. 경제와 사회에 대한 국가의 개입이 앞에서 증명된 것처럼 필연적으로 실패로 돌아갈 수밖에 없다는 사실과, 그것이 유익함보다는 해악을 유발한다는 사실을 국민이 알게 되었을 때 자신들의 존재가 무의미해지는 상황을 두려워하고 있기 때문이다.

이 책을 읽으면서 아마 당신은 여러 번 스스로에게 이런 질문을 던졌을 것이다. "모든 것이 그토록 분명하고 논리적이라면 '오스트리아식 사고방식'이 저절로 관철되지 않을 이유가 없지 않은가? 왜 지금까지 나는 단 한 번도 그에 관해 들어본 적이 없을까? 분명 어딘가에 문제점이 있을 것이다. 그리고 '자유시장에서는 가장 뛰어난 상품이 관철된다'라는 저자들의 말은 또 무엇인가? 그들 자신의 이론에는 그런 말이 적용되지 않는 것일까? 왜 그들의 이론은 관철되지 않은 것일까?"

많은 사람이 오스트리아 학파의 이론에 대해 지금까지 단 한 번도 들어본 적이 없는 데에는 여러 가지로 매우 논리적이고 공감할 만한 이유가 있다. 국가와 정치인들의 입장에서 보면 오스트리아 학파의 이론은 극도로 불편할 수밖에 없다. 지금까지 누구도 그들의 이론을 반박하는 데 성공한 적이 없기 때문에, 그 이론들은 완전히 묵살되어 어디에서도 교육되지 않았다. 대학에서도, 어떤 다른 종류의 (공공) 교육기관에서도 말이다. 그리고 일부 대학교수들은 자신들이 유포(해야)하는 학설이 오스트리아 학파의 학설보다 뒤떨어진다는 사실을 알고 있으면서도 침묵을 지킨다. 다른 것을 가르쳤다가는 그게 무엇이든 간에 그들의 자리가 위험해질 수도 있기 때문이다.

당신이 대학교수라고 상상해 보라. 당신은 지금 국가의 화폐 독점권을 문제시할 것인지의 여부를 고민하고 있다. 당신은 편하게 앉아서 쉬고 있는 나뭇가지를 톱으로 잘라

버릴 수 있을까? 이 주제는 터부다. 감히 뭐라고 이의를 제기할 수 없는 신성한 소와 같다. 그것보다 더 상상할 수 없는 일은 어떤 대학교수가 강의 시간에 '국가는 개인의 소유권을 몰수하는 소유권 수호자이자 법률을 위반하는 법률의 수호자'라고 주장하는 한스 – 헤르만 호페의 견해를 옹호하는 일이다. 만에 하나 그랬다가는 당장 고용주와 갈등을 빚게 될 것이다.

현대의 경제학자 가운데 오스트리아 학파의 이론을 대변하는 사람들은 국가의 통제를 받는 교육기관에는 아예 발을 들여놓지 못한다. 대학에서 강의 자리를 찾을 때도 어려움을 겪는다. 수입과 학문적 명성이 깎이는 것도 감수해야 한다. 미제스가 그랬던 것처럼 말이다.

오스트리아 학파가 제기한 요구 중 국가와 정치인들에게 가장 불편한 지점은 시장 경제에 입각한 화폐 질서를 요구하는 대목이다. 그들은 시장 경제에 입각한 화폐 질서가 확립될 경우, 국가가 독점하고 있는 오늘날의 화폐 시스템과 비교했을 때 자신들이 사용할 수 있는 돈의 양이 극히 일부분으로 줄어들 것이라는 사실을 잘 알고 있다. 그렇게 되면 정치인들은 마치 물에서 빠져나온 물고기처럼 바짝 마른

땅 위에 속수무책으로 내던져질 것이다.

민간 화폐 질서의 확립과 무에서 화폐를 만들어 내는 행위를 금지하는 것, 그리고 중앙은행의 폐쇄는 당연히 중앙은행 관계자들과 시중은행 관계자들에게도 매우 거북한 일이다. 정말 그렇게 된다면 국가의 화폐 정책을 가장 근사하게 보이게 할 서적과 논문을 누가 발표하고, 부분적으론 큰 돈벌이가 되는 고문직을 꿰찬 화폐 이론가들을 누가 먹여살릴 것인가? 주류 – 경제학자들이 완강한 태도로 국가화폐를 옹호하리라는 것은 불 보듯 뻔하다. 알다시피 그들은 이런 오류를 바탕으로 자신들의 지적 경력을 쌓았을 뿐만 아니라, 대부분의 경우 한 가족을 부양해야 하는 처지에 놓여 있다.

그러나 오스트리아 학파에 소속된 대부분의 경제학자들은 단지 화폐제도에 국한해서만 그런 것이 아니라, 보편적으로 자유시장과 국가의 간섭이 배제된 경제 체제를 옹호한다. 하지만 정치인들이 가장 사랑해 마지않는 활동은 바로 규제와 입법이다. 그 때문에 그들은 자유시간이 생긴다고 하더라도 아마 그 시간을 어떻게 써야 할지 전혀 알지 못할 것이다. 그리고 만약 규제와 간섭이 배제된 자유로운 시장 경제 체제가 자리를 잡는다면 시민들은 얼마 지나지 않아 정치인이라는 직업을 아예 없애버릴 생각을 하게 될 것이다.

그런데 정치인이라는 직업은 진짜 직업이기나 한 것일까? 정치인? 각종 법률과 규정으로 동료 시민들을 마음대로 부리고 괴롭히는 것을 과제로 삼는 사람? 결정은 여러분 스스로 내리도록 하라. 국가와 정치인들에게는 경제와 사회에서 일어나는 모든 문제에 대해 책임질 죄인을 물색하는 일이 중요하다. 이미 이런 사실을 인식하고 있던 미제스는 《관료제》에서 다음과 같이 설명했다.

> 자칭 진보적인 국가점유정책을 지지하는 사람들이 사용하는 선전의 본질은 오늘날의 상황에서 만족스럽지 않은 모든 것에 대한 책임을 자본주의의 탓으로 돌리는 것이다. 또한 사회주의가 인간들을 위해 마련해 둔 선행을 찬양하는 데 있다. 그들은 현혹적인 자신들의 주장을 증명하려는 시도를 한 번도 하지 않았을뿐더러, 국민경제학자들의 항변에 반박할 생각은 더더욱 하지 않았다. 그들이 한 일은 적수를 모욕하고 그 사람들이 지닌 동기를 의심스럽게 만든 것뿐이었

다. 불행하게도 평범한 시민들은 이런 간계를 꿰뚫어 보지
못한다.

평범한 시민들이 간계를 꿰뚫어 볼 수 없도록 하기 위해
서는 훌륭한 이론과 더 나은 이념들을 시민들이 알지 못하
게 꼭꼭 숨겨둬야 한다. 이런 상황에서 사람들이 접할 수 있
는 것은 나쁜 이론과 나쁜 이념들밖에 없기 때문에 그들은
염주를 돌리듯 이를 계속 되풀이한다.

그들에 의해 오늘날 문제점들에 대한 책임이 자본주의에
전가된다. 그런데 이런 자본주의가 과연 아직 존재하긴 하
는 것일까? 대다수 산업 국가를 살펴보면 전체 국가 지출
가운데 공공 지출이 차지하는 비중이 이미 50퍼센트에 육
박한다. 대부분의 영역에서 이미 모든 게 통제되고 있는 것
이다. 이에 대해서는 앞서 7장에서 상세하게 설명했다.

대부분의 사람은 '자본주의'라는 말을 들을 때면 부정적
인 것부터 연상한다. 지금 시대에 자본주의를 옹호하는 사
람들은 다소 반사회적인 사람으로 치부된다. 따라서 그보
다는 '자유시장 경제'를 옹호한다고 하는 편이 좀 더 적절한
행동이라고 할 수 있다. 하지만 그래봐야 똑같은 말이다.

그럼 과연 누가 공개적으로 자유시장을 반대하고 나서겠는가? 자유시장에 반대한다는 것은 역으로 국가의 규제에 찬성한다는 것을 의미한다. 이것은 이미지에 부정적으로 작용할 것이다. 정치인들은 나쁜 이미지를 무엇보다도 두려워한다. 또한 자신들이 규제를 하는 사람들이 아니라, 남녀 시민의 이해관계에 부합해 바람직하지 않은 발전 상황을 고쳐주는 사람들로 인식되기를 바란다. 그 때문에 그들에게는 바람직하지 않은 발전의 책임을 떠안을 누군가가 필요하다. '자본주의'처럼 부정적인 이미지인 개념에 책임을 전가하는 것은 당연히 어렵지 않은 일이다.

사람들은 가끔 '시장의 실패market failure'라는 말을 입에 올린다. 그런데 자유시장이 과연 실패할 수 있을까? 이제 당신은 알아차렸을 것이다. 지금 우리가 사는 세상에서 어떤 게임이 진행되고 있는지.

배려심이 풍부한 우리의 국가대표들은 목표를 추구하는 과정에서 선전과 유사한 방법들을 쓰는 것도 마다하지 않는다. 그러나 미제스는《관료제》에서 "선전은 관료주의와 사회주의가 저지르는 나쁜 악행 중 하나다. 선전은 항상 거짓말과 오류, 그리고 미신과 관련되어 있다"라고 선전의 본질을 정확하게 지적했다.

우리의 돈이 자유로워지기 위해

우리는 여기서 한 걸음 더 나아가고자 한다. 정치인들이 날마다 우리에게 제시하는 모든 것을 설명하려면 선전이라는 개념으로는 미약하다는 느낌이 들기 때문이다. 이런 상황을 설명하기에는 선동정치라는 말이 더 적합하다. 미제스 역시 다른 책에서 이 개념을 썼으며 이는 지나친 과장이 아니다. 작가 마틴 몰록Martin Morlock이 《유혹의 고등마술Hohe Schule der Verführung》에서 '선동'에 대해 정의한 내용을 살펴보자.

> 대중에게 아첨하고 그들의 감정과 본능, 선입견에 호소함으로써 적당한 기회에 정치적 이데올로기적 목적을 선전하는 사람이 하는 행위가 바로 선동이다. 그는 여기서 그치지 않고 몰이식 사냥과 거짓말을 하는 죄를 저지른다. 또한 진실을 과장되게 혹은 거칠게 단순화해 표현하고, 자신이 관철하려는 일을 모든 고결한 사람들의 일이라며 거짓된 주장을

펼친다. 자신이 그 일을 관철하는 방식 혹은 그 일을 관철하기 위해 제안하는 방법만이 유일하게 가능한 방식이라고 주장한다.

여기에 대해서는 더 이상 말하지 않겠다. 그렇다면 오스트리아 학파 대표자들은 왜 이에 맞서 이의를 제기하지 않는가? 지극히 정당한 질문이다. 그러나 화폐제도에 대한 전권을 장악하는 데 성공한 사람들과 경쟁해 보려고 시도해 보라. 화폐제도에 대한 전권을 장악함으로써 사실상 그들은 대중들과 사회의 여론 형성자들을 매수하기 위한 무제한적인 자금을 확보했다. 교육 시스템을 독점하고 학교와 대학 수업 커리큘럼을 규정하는 그들과 경쟁을 벌여보라. 법을 만드는 것을 비롯해 사실상 모든 관점에서 최종 결정권자 역할을 하는 그들과 경쟁해 보라. 여전히 그렇게 물을 수 있겠는가?

우리는 어떤 것도 속일 생각이 없다. 오스트리아 학파의 이론이라고 해서 그리 편안한 것만은 아니다. 저축이 반드시 투자에 선행되어야 하고, 생산이 소비에 선행되어야만 한다는 사실을 철저하게 고수하는 점이 그렇다. 지금처럼 대출로 확보할 수 있는 값싼 돈이 사방에 널린 마당에 그 돈에 손을 뻗지 않을 이유가 무엇이란 말인가?

안타깝게도 사람들은 정치인들의 달콤한 유혹과 약속에 너무 쉽게 넘어간다. 물론 이렇게 된 데는 민주주의도 책임이 없지는 않다. 민주주의는 다수가 소수의 지갑을 털어 흥청망청 돈을 쓸 수 있도록 만들었다. 부유세나 자본세처럼 전체 인구의 극히 일부만 해당하는 세금 인상에 다수가 찬성하는 상황을 생각한다면 민주주의가 달리 또 무엇을 의미하겠는가? 정치인의 관점에서 한번 생각해 보자. 선동가로서 매우 능수능란하게 선거운동을 치르는 데 성공하면, 다수의 대중을 당신 편으로 빠르게 끌어들일 수 있다.

루트비히 폰 미제스는 장기적인 관점에서 보자면 그보다 우수한 이념들이 반드시 관철될 것이라고 확신했다. 그러나 그는 정치인들의 전투 방식(그는 정치인들의 행동 방식을 이렇게 불렀다)을 굳이 바꾸려 하지 않았다. 적수들의 수준, 즉 저급한 전술과 전략에 관여하고 싶지 않았기 때문이다. 그는 《사회주의》에서 다음과 같이 말한다.

국민들이 눈이 먼 채 몰락을 향해 다가갈 때면 반드시 그들을 계몽시키려고 시도해야 한다. 그러나 귀가 먹든 경고사의 목소리가 너무 작아서든, 그들이 그 말을 듣지 못한다면 전술적이고 선동적인 책략으로는 그들을 올바른 길로 데려갈 수 없다. 선동으로는 사회를 파괴할 수 있을 뿐, 결코 우뚝 세울 수는 없다.

몇 년 전부터 오스트리아 국민경제학파가 르네상스를 체험하고 있다. 그 사이에 독일에도 루트비히 폰 미제스 연구소가 설립되어 전 세계의 많은 미제스 연구소와 마찬가지로 보다 우수한 이념들을 전파하는 일을 과제로 삼고 있다.

우리의 주된 목적은 국가로부터 화폐 독점권을 탈취하는 것이다. 그렇다. 탈취한다고 했다. 국가는 자발적으로 화폐 독점권을 내놓지 않을 것이기 때문이다. 우리가 모두 함께할 때에야 비로소 만들어 낼 수 있는 거대한 압력 아래에서만 국가는 화폐 독점권을 내놓을 것이다.

만약 이 일이 성공리에 진행된다면 우리는 국가의 간섭이 거의 존재하지 않는 상태를 향해 한 걸음 성큼 앞으로 나아갈 수 있을 것이다. 그럼 국가는 자금을 마련할 무제한적 가능성을 빼앗기게 된다. 이를 통해 우리는 더 큰 자유를 향해 크게 한 걸음 나아갈 수 있다. 또한 현재 밤낮으로 토론의 대상이 되는, 그리고 온갖 언론 매체의 추적을 받고 다양한 사람이 여러 각도로 뒤집어서 생각하고 좌우 양측 진영에서 거듭 의견을 제시하는 수많은 문제점과 폐해들이 흔적도 없이 사라질 것이다.

만약 이렇게 된다면, 정치와 정당에 관한 끝없는 보도로 뒤덮인 저녁 뉴스가 단 5분으로 줄어들게 될 것이다. 그 5분 동안에는 아주 핵심적인 사안들만 거론될 것이다. 새롭게 얻은 이 시간에 어떤 의미 있는 일을 할 수 있을지 곰곰이 생각해 보라.

이제 우리는 당신에게 호소한다. 우리는 당신에게 오스트리아 국민경제학파의 이론을, 보다 우수한 그 이념들을 널리 전파하는 데 동참할 것을 호소한다. 이것은 우리 모두의 자유와 번영이 달린 일이다. 물론 여기에는 당신의 자유와 번영도 포함된다. 먼저 당신의 가족과 친구, 그리고 지인들에게 국가의 화폐가 나쁜 화폐라는 사실을 알려주자. SNS도 활용하라. 그리고 토론하라. 당신은 당신의 주장을 뒷받침해 줄 보다 훌륭한 논거, 도저히 저항할 수 없는 논거를 가지고 있다. 당신이 누군가를 계몽하고 설득하는 데 성공할 때마다 그 사람은 잠재적 전우가 된다.

오스트리아 학파의 관점에서 본 현재의 문제점에 대한 논평 및 분석, 최신 정보를 빠짐없이 수집하라. 독일 루트비히 폰 미제스 연구소 홈페이지에서도 정보들을 찾을 수 있다. 인터넷에서는 같은 생각을 하는 사람들을 빠르게 찾을 수 있다. 아마 당신이 생각하는 것보다는 그런 사람들의 숫자가 많을 테지만 아직 부족한 수준이다.

의심스러운 눈초리로 국가를 지켜보는 사람들이 많아질수록 국가는 우리를 제멋대로 끌고 다니고 기만하기가 힘들어진다. 당연히 우리의 돈을 훔치는 일도 힘들어진다. 그러니 당신도 동참하라. 미제스의 좌우명을 새겨보라. '악에 굴하지 말고, 더욱더 용감하게 악에 맞서라Tu ne cede malis sed contra audentior ito.'

루트비히 폰 미제스는《관료제》에서 이 모든 일의 중요성을 누구도 따라오지 못할 정도로 정확하게 표현했다. 그의 말을 끝으로 이 책을 마무리하겠다.

　　광범위한 국민 계층에 경제학을 전파하는 목적은 그들 한 사람 한 사람을 국민경제학자로 만들기 위함이 아니다. 공동체 생활을 하는 한 사람의 국민으로서 그가 수행해야 할 기능에 대비해 그 사람을 준비시키는 것이 목적이다. 그 결과에 따라 문명의 운명이 좌우되는 자본주의와 전체주의 간의 갈등은 결코 시민전쟁과 혁명을 통해 승패가 판가름 나지 않는다. 그것은 이념의 전쟁이다. 여론이 승리와 패배를 결정한다.

Baader, Roland, 《Fauler Zauber》, Resch, 1998.

Baader, Roland, 《Freiheitsfunken II》, Lichtschalg, 2012.

Baader, Roland, 《Geldsozialismus》, Resch, 2010.

Hoppe, Hans–Hermann, 《Demokratie. Der Gott, der keiner ist》, Manuscriptum, 2003.

Hoppe, Hans–Hermann, 《Der Wettbewerb der Gauner》, Holzinger, 2012.

Huerta de Soto, Jesús, 《Geld, Bankkredit und Konjunkturzyklen》, Lucius & Lucius, 2011.

Hülsmann, Jörg Guido, 《Die Ethik der Geldproduktion》, Manuscriptum, 2007.

Hülsmann, Jörg Guido, 《Krise der Inflationskulutr》, Fi-
nanzBuch Verlag, 2013.

von Mises, Ludwig, 《Die Bürokratie》, Academia, 2004.

von Mises, Ludwig, 《Die Gemeinwirtschaft》, Lucius &
Lucius, 2007.

von Mises, Ludwig, 《Erinnerungen》, Gustav Fischer, 1978.

von Mises, Ludwig, 《Kritik der Interventionismus》, Ak-
ston, 2013.

von Mises, Ludwig, 《Theorie des Geldes und der Um-
laufsmittel》, Duncker & Humbolt, 2005. (1924년 출간된 2
차 개정판에 대한 무수정 재판)

von Mises, Ludwig, 《Notionalökonomie, Theorie des Han-
delns und Wirtschaftens》, buchausgabe.de, 2010. (1940년
제네바에서 출간된 초판에 대한 무수정 재판)

von Mises, Margit, 《Ludwig von Mises, Der Mensch und
sein Werk》, Philosophia, 1981.

Polleit, Thorsten, 《Ludwig von Mises. Leben und Werk für
Einsteiger》, FinanzBuch Verlag, 2013.

Polleit, Thorsten, von Prollius, Michael, 《Goldreform》,

Lichtschlag, 2010.

Rothbard, Murray Newton, 《Die Ethik der Freiheit》, Aca-
demia, 2006.

Rothbard, Murray Newton, 《Das Schein – Geld – System》,
Resch, 2005.

S. Schlichter, Detlev S., 《Das Ende des Scheins》, Wiley,
2013.

인터넷 자료출처

www.bundesbank.de – 독일 연방은행

www.bundesfinanzministerium.de – 독일 경제부

www.destatis.de – 연방통계청

www.ecb.europa.eu/home – 유럽중앙은행/유로시스템

왜 그들만 부자가 되는가
부의 격차를 좁히는 진짜 돈의 모습

초판 1쇄 발행 | 2025년 1월 8일
초판 5쇄 발행 | 2025년 2월 10일

지은이 | 필립 바구스, 안드레아스 마르크바르트
옮긴이 | 배진아
기획편집 | 이가람
콘텐츠 그룹 | 정다움, 이가람, 박서영, 전연교, 정다솔, 문혜진, 기소미
디자인 | STUDIO 보글
표지 일러스트 | 메종 드 광렬

펴낸이 | 전승환
펴낸곳 | 책읽어주는남자
신고번호 | 제2024-000099호
이메일 | book_romance@naver.com

ISBN 979-11-93937-39-6 03320